应急志愿者培训手册

主　　编：曹　文
编写人员：徐恬恬　薛保刚　王　挺
段宝奇　谭　倩

气象出版社
China Meteorological Press

图书在版编目(CIP)数据

应急志愿者培训手册/曹文主编. —北京:气象出版社,2013.11(2017.1重印)
ISBN 978-7-5029-5841-1

Ⅰ.①应… Ⅱ.①曹… Ⅲ.①志愿-社会服务-中国-手册
Ⅳ.①D669.3-62

中国版本图书馆 CIP 数据核字(2013)第 258547 号

应急志愿者培训手册
曹　文　主编

出版发行:气象出版社
地　　址:北京市海淀区中关村南大街 46 号　　**邮政编码**:100081
总 编 室:010-68407112　　**发 行 部**:010-68406961,68407948
网　　址:http://www.qxcbs.com　　**E-mail**:qxcbs@cma.gov.cn
责任编辑:张盼娟　　**终　　审**:章澄昌
封面设计:燕　彤　　**责任技编**:吴庭芳
印　　刷:北京京科印刷有限公司
开　　本:850 mm×1168 mm　1/32　　**印　　张**:7
字　　数:182 千字
版　　次:2013 年 11 月第 1 版　　**印　　次**:2017 年 1 月第 2 次印刷
定　　价:20.00 元

序

中国是一个幅员辽阔、地大物博的国家，也是自然灾害多发的国家。随着城市化、工业化的快速发展，各种自然灾害、事故灾难、公共卫生事件、社会安全事件频繁发生，对人们的生命财产、生态环境、社会秩序造成了严重的危害和威胁。当前，我国的综合应急救援力量，相对于西方发达国家，还比较薄弱，难以满足多发、频发的突发事件需求。在严峻的公共安全形势面前，政府需要动员社会各种力量，调度各项公共资源，才能最大限度地减少和避免人们生命财产损失。

应急志愿者队伍是政府应对突发事件的一个重要补充力量，是防灾救灾的生力军。在称为“中国志愿者元年”的 2008 年，从各地涌向四川的志愿者们给“汶川地震”救灾活动提供了极大的帮助，很多志愿者们更是在救灾的黄金 72 小时之内迅速赶到灾区，帮助部队进行救援、治疗等，谱写了很多感人的故事篇章。2008 年以后，中国的志愿者队伍更加庞大、志愿者活动更加丰富，“一方有难、八方支援”的志愿精神广为流传。

应急志愿者平时需要协助企业、社区、街道、学校开展灾情、民情的搜集和报送，进行防灾应急、自救互救、应急避险、疏散安置等知识和技能的普及工作，发生突发事件时，需要组织和动员社会力量，及时、有效地采取措施，协助政府维护现场秩序、疏散群众、发放物资、抢险救援。要成为一名合格的应急志愿者，仅凭一腔热血是远远不够的，应急志愿者还需要具备丰富的应急知识和技能、良好的心理素质、足够的勇气和充沛的体力，否则，就无法胜任应急志愿者的工作，不但不能救助别人，反而会成为被救助的对象。所以，只有平时加强应急志愿者的培训演练，战时才能“招之即来，来之能战”。

本书紧扣应急志愿者的主题，介绍了国内外志愿服务发展历程，我国志愿者招募和管理体系，应急志愿者应具备的素质和技能、危机沟通技巧、危机心理干预、心肺复苏术、创伤急救技术等应急救援救助知识和技能。希望大家通过本书，对应急志愿者的工作、任务、能力等方面都有一个大概的了解，有针对性地开展防灾应急、自救互救的知识学习和技能培训，提高突发事件应急处置的综合能力。

灾难是一本教科书，磨难更是一种力量，灾难无情人有情，防灾应急工作使命光荣，意义重大，志愿服务事业无上崇高，希望我们应急志愿者大力弘扬“万众一心、众志成城，不畏艰险、百折不挠，以人为本、尊重科学”的伟大抗震救灾精神，广泛传播“奉献、友爱、互助、进步”的志愿服务精神，加强学习和训练，提升技能，磨炼意志，不断增强防灾减灾和应急志愿服务的能力；不断推进防灾减灾志愿服务体系建设，为确保一方平安，贡献智慧和力量！

编者

2013 年 5 月

目 录

序

第一章 志愿者简介 …………………………………… (1)

第一节 志愿者的涵义 …………………………… (1)
第二节 志愿服务的涵义 ………………………… (2)
第三节 为什么要做志愿者 ……………………… (4)
第四节 志愿精神 ………………………………… (4)
第五节 志愿者的作用 …………………………… (6)
第六节 北京奥运会志愿者 ……………………… (7)
第七节 国际志愿者服务 ………………………… (11)
第八节 国外志愿服务借鉴——以英国为例 …… (17)

第二章 中国青年志愿者 …………………………… (20)

第一节 中国青年志愿者简介 …………………… (20)
第二节 中国青年志愿服务发展历程 …………… (21)
第三节 中国青年志愿服务领域 ………………… (25)
第四节 中国青年志愿服务的基本特征 ………… (29)
第五节 中国青年志愿者招募 …………………… (33)
第六节 中国青年志愿者管理 …………………… (37)
第七节 中国青年志愿服务的社会影响 ………… (42)

第三章 应急志愿者 ……………………………………（44）

第一节 应急志愿者简介 ……………………………（44）
第二节 应急志愿服务 ………………………………（48）
第三节 应急志愿者应满足的基本要求 ……………（49）
第四节 应急志愿者队伍 ……………………………（56）
第五节 “5·12”汶川地震中的应急志愿者 …………（59）
第六节 国内外应急志愿者队伍介绍 ………………（62）

第四章 现场应急救援技术 ……………………………（65）

第一节 现场救援主要内容 …………………………（65）
第二节 搜索技术 ……………………………………（68）
第三节 营救技术 ……………………………………（69）
第四节 绳结技术 ……………………………………（72）
第五节 疏散安置 ……………………………………（75）

第五章 应急志愿者的心理危机干预技术 ……………（77）

第一节 应急心理危机干预概述 ……………………（77）
第二节 应急心理危机干预原则 ……………………（82）
第三节 心理危机干预的内容 ………………………（86）
第四节 应急志愿者心理调适 ………………………（94）

第六章 心肺复苏及创伤急救技术 ……………………（96）

第一节 急救现场处理 ………………………………（96）
第二节 心肺复苏术 …………………………………（98）
第三节 创伤急救基本技术 …………………………（103）
第四节 海姆利克急救法 ……………………………（112）

第七章　常见事故的紧急救助 ………………………………（114）
第一节　溺水 ………………………………………………（114）
第二节　中毒 ………………………………………………（115）
第三节　触电 ………………………………………………（119）
第八章　突发急症的紧急救助 ………………………………（123）
第一节　中暑 ………………………………………………（123）
第二节　休克 ………………………………………………（124）
第三节　窒息 ………………………………………………（125）
第四节　糖尿病 ……………………………………………（126）
第五节　猝死 ………………………………………………（129）
第六节　癫痫 ………………………………………………（130）
第九章　突发事故的紧急救助 ………………………………（131）
第一节　突发火灾 …………………………………………（132）
第二节　地震 ………………………………………………（134）
第三节　突发水灾 …………………………………………（137）
第四节　被困电梯 …………………………………………（138）
第十章　大型活动突发危险的紧急救助 ……………………（139）
第一节　成人观众走散请求寻人 …………………………（139）
第二节　发现可疑物品 ……………………………………（140）
第三节　遇到恶劣天气 ……………………………………（141）
第四节　高峰期间入场与退场观众数量巨大 ……………（141）
第五节　观众突发伤病事件 ………………………………（142）
第六节　观众发生口角或肢体冲突 ………………………（142）
第七节　踩踏事故 …………………………………………（143）

第八节　化学恐怖伤害 …………………………… (143)

第十一章　应急训练 …………………………… (145)

第一节　应急训练分类 …………………………… (145)
第二节　体能训练 …………………………… (146)
第三节　团队训练 …………………………… (152)
第四节　心理训练 …………………………… (157)

第十二章　突发事件应急演练指南 …………………………… (162)

第一节　名词解释 …………………………… (162)
第二节　应急演练概况 …………………………… (164)
第三节　应急演练组织机构 …………………………… (166)
第四节　应急演练准备 …………………………… (168)
第五节　应急演练实施 …………………………… (173)
第六节　应急演练评估与总结 …………………………… (175)

第十三章　中国应急志愿服务展望 …………………………… (178)

第一节　应急志愿者队伍目前存在的问题 …………………………… (179)
第二节　政府在应急志愿者队伍建设中的作用 …………………………… (181)

附录一　中国注册志愿者管理办法 …………………………… (189)
附录二　中华人民共和国突发事件应对法 …………………………… (195)
附录三　应急演练方案示例 …………………………… (210)
参考文献 …………………………… (212)

第一章 志愿者简介

1985年，第四十届联合国大会（以下简称联大）通过决议，从1986年起，每年的12月5日为“国际促进经济和社会发展志愿人员日”(International Volunteer Day for Social and Economic Development，IVD，简称“国际志愿人员日”)。如今已有100多个国家在这一天集中开展志愿服务活动，国际志愿人员日作为国际志愿服务活动的重要标志已经深入人心。1997年11月20日，第五十二届联大通过了包括中国在内的123个国家提交的52/17号提案，决定把2001年确定为国际志愿者年。正是多年来“国际志愿人员日”活动的成功开展为国际志愿者年的确定奠定了基础。国际志愿人员日的被欢迎和肯定激发了国际社会确定国际志愿者年的思想：用足足一年的时间，而不是更短的时间来促进志愿服务，使活动超越各国政府和联合国的范围，影响到社会的各个方面，使之成为世界各国的共识。

第一节 志愿者的涵义

志愿工作者又名义务工作者、义工或志工，是指一种助人、具组织性及基于社会公益责任的参与行为。志愿者的英文“volunteer”，来源拉丁文valo或velle，意思是希望、决心或渴望。

关于志愿者的概念，联合国将其定义为“不以利益、金钱、扬名为目的，而是为了近邻乃至世界进行贡献活动者”，指的是在不为任何物质和精神报酬的情况下,能够主动承担社会责任而奉献个人的时间及精力的人。

在西方发达国家,志愿者的定义是:指不受个人利益的驱使和法律强制,基于某种道义、信念、良知、同情心和责任感,为促进社会进步而提供服务,贡献个人的时间、才能及精神从事社会公益事业的人或人群。

在中国,志愿者是这样定义的:指不以物质报酬为目的,利用自己的时间、技能等资源,自愿为社会和他人提供服务和帮助的人。

总的来说,志愿者是自愿贡献个人时间和精力,在不计物质报酬的前提下为推动人类发展、社会进步和社会福利事业而提供服务的人员。他们有以下共同特征。

(1)自愿行为。

(2)不图物质报酬。

(3)服务社会公益。

(4)奉献自己的力所能及。

(5)非本职工作范围。

第二节 志愿服务的涵义

关于志愿服务(volunteer service)的概念,是指志愿者组织、服务社会公众生产、生活和促进社会发展进步的行为。

志愿服务起源于19世纪初西方国家宗教性的慈善服务,志愿活动在世界上已经存在和发展了100多年。据北京大学志愿服务和福利研究中心(2002年7月16日正式成立,该中心是我国第一家专门从事志愿服务和福利研究与培训的机构)丁元竹主任介绍,中国最早的志愿者来自联合国志愿人员组织,1979年,第一批联合国志愿者来到中国偏远地区,从事环境、卫生、计算机、语言等领域的服务。20世纪80年代中期,民政部号召推进社区志愿服务,天津和平区新兴街就是早期开展社区服务的典范。90年代初，中国青年志愿者协会成立。

近年来，志愿服务越来越成为一种国际潮流。西方有学者专门指出，“如果说人类发展前500年是技术革命带动全球的经济发展，那么今天人类正处于一个十字路口，面临的问题越来越多。后500年社会学、社会服务将成为地球上生存的重点，人类也将开始重新调整自己。”

总的来说，志愿服务是任何人自愿贡献时间和精力，在不为物质报酬的前提下为推动人类发展、社会进步和社会福利事业而提供的服务。简单而言，志愿服务有以下三种类型。

(1)第一种是助人的美德及福利活动，指志愿者没有收取任何报酬，并以自由意志奉献自己从事福利、心理健康及社区发展等方面的工作。

(2)第二种是具组织性的利他行为，指以帮助他人或对环境有益的活动，并能在各个领域直接帮助他人。

(3)第三种是基于社会公益的参与行为，指回应社会责任及态度的一种行为，并不求回报。

有些人片面地认为从事志愿服务是慈善为怀、乐善好施的表现，把志愿服务看成一种单方面的施予；认为志愿工作只是为了减轻专职人员的工作负担，把志愿者当作“廉价劳动力”；认为只有那些不愁衣食及有大量空余时间的人，才有资格或才会参加志愿工作。其实，每个人都有参与社会事务的权利和促进社会进步的能力，同样，每个人都有促进社会繁荣进步的义务及责任。参与志愿工作是表达这种“权利”及“义务”的积极和有效的形式。在服务他人、服务社会的同时，自身得到提高、完善和发展，精神和心灵得到满足。因此，参与志愿工作既是“助人”，亦是“自助”；既是“乐人”，同时也“乐己”。参与志愿工作，既是在帮助他人、服务社会，同时也是在传递爱心和传播文明。志愿服务个人化、人性化的特征，可以有效地拉近人与人之间的心灵距离，减少疏远感，对缓解社会矛盾、促进社会稳定有一定的积极作用。

第三节 为什么要做志愿者

志愿者参与志愿服务活动的动机可以分为三类。

(1)自我取向，参与者着重个人学习与成长，获取个人内在的满足感，依个人感受来决定是否参与志愿者服务活动。

(2)人际取向，参与者着重他人和团体的影响，他们的目的是结识朋友，获得他人的肯定。

(3)情境取向，他们参与是为了回应社会责任，并获得社会的认可。

帮助别人是一种无形的快乐，当别人得到快乐时，自己也是快乐的。志愿者活动给志愿者们提供了更多接触社会的机会，让境遇相同的人产生了归属感和安全感。定期参加志愿者活动，和其他志愿者在一起，为一个共同的目标而努力，共同克服困难，取得成功，可以产生快乐，而这种快乐，是可以感染到所有人的。

如今做志愿者，被认为是有爱心、有社会责任感、能够接受并推动先进社会文化发展的人，被大多数人赞许和崇尚又容易产生内心的满足感，而从事志愿活动符合主流社会的道德评价和自我道德评价，社会的认同又肯定和增加了自我认同感。因此，从事志愿服务有利于实现自我价值。

第四节 志愿精神

志愿精神是一种利他主义和慈善主义的精神，指的是个人或团体，依其自由意志与兴趣，本着协助他人改善社会的宗旨，不求私利与报酬的社会理念。

前联合国秘书长科菲·安南在“2001国际志愿者年”启动仪式上的讲话中指出：“志愿精神的核心是服务、团结的理想和共同使这个世界变得更加美好的信念。从这个意义上说，志愿精神是联合国精神的最终体现。”这句话指出了志愿精神的本质，表达了人们对志愿服务的由衷赞美。志愿精神概括起来有4点：奉献、友爱、互助和进步。

1. 奉献

“奉献”原指恭敬地交付、呈献，即不求回报的付出。奉献精神是高尚的，是志愿服务精神的精髓。志愿者在不计报酬、不求名利、不要特权的情况下参与推动人类发展、促进社会进步的活动，这些都体现着高尚的奉献精神。1938年，白求恩大夫放弃优越的物质条件，不远万里从加拿大来到中国，为八路军提供医疗救治服务，帮助创办了军区卫生学校，亲自编写各种教材并讲课。1939年秋，他在抢救伤员时不幸感染病毒牺牲。白求恩大夫将自己的生命奉献给了中国，这种国际主义精神也是奉献精神的重要体现。

2. 友爱

志愿服务精神提倡志愿者欣赏他人、与人为善、有爱无碍、平等尊重，这便是友爱精神。志愿者之爱跨越了国界、职业和贫富差距，是没有文化差异、没有民族之分、不论高低贵贱的平等之爱，它让社会充满阳光般的温暖。如无国界医生，他们不分种族、政治及宗教信仰，为受天灾、人祸及战火影响的受害者提供人道援助，他们奉献的是超国界之爱。1999年10月15日，无国界医生组织因“一直坚持使灾难受害者享有获得迅速而有效的专业援助的权利”而获得当年的诺贝尔和平奖。

3. 互助

志愿服务包含着深刻的互助精神，它提倡“互相帮助、助人自助”。志愿者凭借自己的双手、智慧、知识、爱心开展各种志愿服务活动，帮助那些处于困难和危机中的人们。志愿服务者以“互助”精神唤醒了许多人内心的仁爱和慈善，使他们付出所余，持之以恒地真心奉献。“助人自助”帮助人们走出困境，自强自立，重返生活舞台。受助者获得生活的能力后，也会投入到关心他人、帮助他人、为社会做贡献的志愿活动中，这些志愿活动都涵盖着深刻的“互助”精神。

4. 进步

进步精神是志愿服务精神的重要组成部分，志愿者通过参与志愿服务，使自己的能力得到提高，同时促进了社会的进步。在志愿活动中无处不体现着“进步”的精神，这一精神使人们甘心付出、追求社会和谐。

第五节　志愿者的作用

1. 对社会而言

(1)传递爱心，传播文明。志愿者在把关怀带给社会的同时，也传递了爱心，传播了文明，这种“爱心”和“文明”从一个人身上传到另一个人身上，最终会汇聚成一股强大的社会暖流。

(2)有助于建立和谐社会。志愿工作，提供了社交和互相帮助的机会，加强了人与人之间的交往及关怀，减低彼此间的疏远感，促进社会和谐。

(3)促进社会进步。社会的进步需要全社会的共同参与和努力。志愿工作正是鼓励越来越多的人参与到服务社会的行列中来，对促进社会进步有一定的积极作用。

2. 对志愿者个人而言

(1)奉献社会。志愿者通过参与志愿工作，有机会为社会出力，尽一份公民的责任和义务。

(2)丰富生活体验。志愿者利用闲余时间，参与一些有意义的工作和活动，既可扩大自己的生活圈子，更可亲身体验社会的人和事，加深对社会的认识,这对志愿者自身的成长和提高是十分有益的。

(3)提供学习的机会。志愿者在参与志愿工作过程中,除了可以帮助他人以外,更可培养自己的组织及领导能力。学习新知识、增强自信心及学会与人相处等。

3. 对服务对象而言

(1)接受个人化服务。志愿者服务,提供大量的人力资源的同时,更能发挥服务的人性化、个人化及全面化的功能,从而令服务对象受益。

(2)被帮助融入社会,增强归属感。通过志愿者服务,能有效地帮助服务对象扩大社交圈子,增强他们对人、对社会的信心,同时,志愿者以亲切的关怀和鼓励,帮助服务对象减轻接受服务时的自卑感和疏远感,从而使其建立自尊心和自信心。

第六节　北京奥运会志愿者

重大赛事中,不但运动员们备受瞩目,志愿者的表现和行为也是很受关注的。国际性、省级的赛事,一般都需要很多的志愿者担起导引、清洁、礼仪等服务任务,志愿者良好的表现和礼貌的姿态,都会给人留下深刻的印象。本节以北京奥运会为例,简要介绍赛事中的志愿者招募等流程及志愿者风采。

图 1-1　2008 年北京奥运会志愿者标志

2008 年 8 月 8 日,万众瞩目的北京奥运会召开。在奥运会顺利进行的过程中,中国的志愿者们给世界人民留下了深刻的印象(志愿者标志见图 1-1)。据统计,在北京奥运会、残奥会期间,共有 10 万赛会志愿者直接为赛会提供服务,40 万城市志愿者在城市和场馆周边提供信息咨询、语言翻译、应急救助等服务，100万社会志愿者在北京市社区乡镇开展志愿服务。

1. 志愿者招募

赛会志愿者报名从2006年8月起开始，至2008年3月底结束。主要在北京地区招募，以北京高校学生为主要来源。同时，面向全国各省(区、市)居民、港澳同胞、台湾同胞、海外华人华侨和留学生、外国人招募一定数量的赛会志愿者。

2. 志愿者的任务

通过开展宣传发动、招募选拔、教育培训、公益实践、激励表彰等一系列工作，建设一支数量充足、训练有素的志愿者队伍，奥运会期间为奥林匹克大家庭成员、媒体记者、观众和其他相关人员，提供优质的志愿服务。

赛会志愿者服务岗位主要涉及礼宾接待、语言翻译、交通运输、安全保卫、医疗卫生、观众指引、物品分发、沟通联络、竞赛组织支持、场馆运行支持、新闻运行支持、文化活动组织支持等领域。

奥组委将参照奥运会通行惯例和标准，结合举办城市实际设置奥运会赛会志愿者工作岗位。

3. 奥运会赛会志愿者的构成

志愿者按照岗位需求情况分为专业志愿者和非专业志愿者两类，主要由以下几类人群构成。

(1)大学生志愿者。北京奥组委面向在京各高校(含民办高校)招募志愿者(含在京港澳台大学生)。各高校经授权，按照奥组委确定的资格条件，分阶段招募志愿者并建立相应的培训、组织、管理体系，以学校为单位接受奥组委分配的任务。

(2)中学生志愿者。北京奥组委面向北京部分职高、中专、普通中学招募志愿者。相关学校经授权，按照奥组委确定的资格条件在校内招募志愿者。

(3)社会志愿者。北京奥组委面向社会公开招募志愿者。奥组委将通过委托授权等形式,以互联网报名等多种方式直接接收个人报名申请,同时接收社区、社团、企事业单位等集体报名申请。奥组委将按照确定的资格条件从报名者中选拔录用志愿者。

(4)各省(区、市)志愿者。北京奥组委面向全国各省(区、市)招募志愿者。各省(区、市)相关机构经授权,按照奥组委确定的资格条件,在当地招募志愿者。志愿者应接受奥组委统一安排的培训、考核和管理,筹备期间在当地开展公益实践活动,奥运会期间将在北京参加赛会志愿服务。

(5)京外赛区城市志愿者。北京奥组委面向青岛、天津、上海、沈阳、秦皇岛等京外赛区城市招募志愿者。京外赛区城市按照与北京奥组委签署的原则协议,由各城市赛事组织部门协调地方政府,根据筹备和举办赛会的实际需要确定志愿者的来源构成,建立相应的志愿者招募、培训、组织、管理体系,参加所在城市的赛会志愿服务。

(6)港澳台志愿者。北京奥组委面向香港特别行政区、澳门特别行政区和台湾地区招募志愿者。在国家有关部门的支持下,北京奥组委委托当地有关机构,按照奥组委确定的资格条件在当地招募志愿者,建立志愿者的培训、组织、管理体系。奥运会期间,港澳台志愿者将在北京参加赛会志愿服务。

(7)海外华侨华人志愿者。北京奥组委面向海外华侨华人、中国留学生招募志愿者。在国家有关部门的支持下,北京奥组委将委托海外有关机构,按照奥组委确定的资格条件进行志愿者的招募、培训和管理工作。奥运会期间,海外华侨华人志愿者将在北京参加赛会志愿服务。

(8)在京外国人志愿者。北京奥组委面向在京外国人招募志愿者。在国家有关部门支持下,委托相关部门或机构,按照奥组委确定的资格条件招募以外国留学生为主体的在京外国人志愿者。筹备期间,在京外国留学生志愿者将通过多种形式介绍相关国家的语言、文化、风俗、礼仪等，奥运会期间，主要为相关国家的代表团、媒体、观众、游客等提供服务。

(9)国际志愿者。北京奥组委面向世界各国家、地区招募志愿者。在国家有关部门的支持下，按照奥组委确定的资格条件，委托当地机构或社团进行志愿者的招募及必要的培训、管理工作。奥运会期间，国际志愿者将在北京参加赛会志愿服务。

(10)专业志愿者。北京奥组委面向以上9类人员及相关专业社团、机构、企业、高等院校、科研院所等，按照奥运会专业岗位的要求和确定的资格条件招募专业志愿者。专业志愿者由北京奥组委统一管理、培训和使用，奥运会期间，将主要从事专业性强、技术技能要求高的志愿服务工作。

4. 志愿者故事

2008年奥运会前夕，诸多国外友人飞赴北京。在北京市的很多地方，专业、高效的志愿服务就给四海来宾留下了深刻的印象。

“他们无处不在，会在你需要帮助的时候适时地出现在你的身边。”

“这里的志愿者非常棒，非常专业，训练有素。”

来自澳大利亚的以斯拉·肖为北京奥组委官方图片社——盖蒂图片社工作。2008年8月31日，他在“水立方”前拍摄照片。他说：“在北京看到这么多的志愿者让我很吃惊，人数大概有悉尼奥运会的10倍吧。”以斯拉称，志愿者给了他很多帮助，比如问路、翻译、提供生活信息等。为了证明这一点，他还从口袋里掏出一张纸条，上面是志愿者给他写下的一家酒吧的地点和联系电话。

2008年8月，正是北京最热的时候，志愿者小魏和她所在团队的成员顶着烈日，在居庸关古长城旁为前来观看“好运北京”公路自行车邀请赛的观众们辛勤地服务。居庸关是公路自行车赛的终点，运动员最后的冲刺吸引着大量观众。做好观众的服务工作，对整个比赛的顺利完成至关重要。公路自行车是一个全露天的比赛，尤其是居庸关段，观众活动的范围非常大。观众在居庸关停车场检完票后，要爬一段长城到达古城楼后再绕下来，才能到达看台。爬楼梯本身就是一件不轻松的事情，而长城上的楼梯又是一脚深一脚浅，再加上古城楼里的灯光昏暗，观众稍不留神或是疲倦就有可能摔倒或迷路。如何保证观众的安全是观众服务团队最重要的任务。

小魏说："为了保证观众的安全，我们每隔一百米就会安排志愿者站岗，并且专门有志愿者指引观众上城楼，在城楼里还安排了一名志愿者，专门负责给观众打手电照明。观众从城楼绕下来，引导坐席的志愿者要非常仔细地查看座位号。因为观众坐席被长城分为两部分，如果带错了，观众只能再爬一遍长城，肯定会影响情绪。所以，公路自行车的观众服务要做到非常细致。"

由于志愿者团队的队员们都分散在居庸关山上，小魏要向大家通知一件事情就要爬一次山，有时候一天下来，她要爬十多次长城。"虽然做志愿者很辛苦，但是能够帮助别人解决困难，那种感觉非常棒！"小魏说，去年，她在居庸关偶然帮助了一些爬长城的美国客人，"他们要爬长城，不是来看比赛的，可是爬长城的检票处和我们的观众检票处挨着，当时几个美国人走错了窗口，不知道怎么绕出来。周围的人英语不是太好，他们看到我穿着志愿者的衣服，以为我是居庸关的志愿者，向我寻求帮助，我告诉他们该怎么走，问题解决了。"当美国朋友知道小魏是奥运会公路自行车赛的志愿者后，非常惊讶，不仅和她合影，还说明年要来长城看奥运比赛，小魏高兴地说："当时我真感觉到挺自豪的。"

第七节 国际志愿者服务

国外志愿服务活动源于宗教性慈善服务活动，产生于19世纪末20世纪初，以后逐步发展和壮大。如今，许多国家已成立了志愿服务机构或志愿组织，国际社会也通过国际志愿服务机构或志愿者组织来加强国际间的交流与合作。目前,国际上有两个比较著名的从事志愿服务活动的协调、管理和实施的组织,分别是“国际志愿服务协调委员会”(Coordinating Committee for International Voluntary Service,简称 CCIVS)和“联合国志愿人员组织”(The United Nations Volunteers,简称 UNV)。

国际志愿服务协调委员会是 1948 年由联合国教科文组织发起创立的非营利性的非政府组织,目前已拥有来自五大洲的成员组织 130 余个,约 200 名专职工作人员,数千名志愿者。它本着和平、反战与人道主义宗旨协调各成员组织的志愿服务活动;推动志愿服务活动在国家、地区和国际上的发展;着眼于人类未来进步与自身完善,促进世界人民尤其是青年间的和平相处、彼此理解、友谊与合作;推动和促进发展中国家的发展。

联合国志愿人员组织成立于 1970 年,其管理与发展隶属于联合国大会。它旨在为发展中国家、联合国开发计划署及联合国系统的有关合作机构培训和挑选业务熟练的志愿服务人员,并与各国相关机构进行合作,对地区性的志愿服务活动给予资助。UIV 成立至今已先后有 8000 名志愿人员在 131 个国家工作,近半数在非洲服务,三分之一在亚洲,其余的深入到阿拉伯、加勒比海、拉美等地区,近年来,还开辟了对中东欧地区的服务。

1. 国际志愿者行动起源及特点

在国际社会,志愿者源于对战争的人道主义援助,它为人类的解放事业做出了重要贡献。在和平年代,志愿者帮助弱者、消除贫困、保护环境、为维护社会秩序和世界和平做出了巨大努力,在建立良好的人际关系、净化社会风气等方面起到了积极作用。在欧美国家,志愿服务已有数十年的历史,建立了比较完善的志愿服务制度和体系,以及跨地区、跨国界、跨洲界的服务网络,积累了不少经验。它们的志愿服务组织基本上是在市场经济的框架内运转的,志愿服务的突出特点如下。①专业性强。参加志愿服务的人员大多具备一定的专业技能，如教学、救护等。②注重立项操作。从事的志愿服务大多不是凭空臆造的活动，而是经过调查研究，分析是否可行，这样也能增强其科学性和可操作性。③规范化、法制化。法国、德国等国已把志愿服务与“国家服务”联系在一起，一般地讲，青年或者需服民役，或者需服兵役，民役包含参与一定量的公益服务。不少国家的政府已把志愿服务纳入其社会保障体系和法律体系，从而使志愿服务工作成为越来越多的公民自觉行为。④向国际化发展。一些国家的志愿服务工作是在联合国国际志愿服务协调委员会等机构协调和指导下开展的，不少项目是跨地区、跨国界的，志愿人员常常被派往世界各地从事一定时间的志愿服务，因而具有较大的国际影响。

1985 年，联合国把每年的 12 月 5 日定为“国际志愿者日”，目的是鼓励全球各地政府及团体，于当天共同表彰志愿者对社会所作的贡献，并借此提醒社会人士积极支持及参与义务服务。

2. 国际志愿者组织的产生与发展

(1)国际民众服务组织

第一次世界大战之后，生产等待恢复，城市需要重建，人们需要团结和平的氛围，需要理解和沟通。在瑞士，德国人皮埃尔组建了国际民众服务组织。该组织致力于救灾、重建家园，促进欧洲各国人民之间的交流。在 20 世纪 20 年代，参加瑞士水灾的救助；30 年代，参加西班牙内战的救援工作。该组织还在印度设了分部，参加印度地震的救灾抢险。

在国际民众服务组织的影响下，第二次世界大战后，多数欧洲国家相继成立了志愿者组织。成立较早的组织国际化，并出现了一批专门协调各国志愿者活动的国际组织。比如丹麦国际合作协会这个志愿者组织，向世界各国派遣过大量的志愿者，他们到不发达国家传播技术知识，推动当地的生产建设。

早期成立的国际民众服务组织，现在在欧洲有 21 个分部，在亚洲、非洲地区有 7 个分部，在欧洲分别设有秘书处。他们的志愿者工作受到欢迎，影响非常广泛，推动着志愿服务活动的发展。

(2)国际劳动营(Work-camps)

国际劳动营始创于1920年。当时，德国和法国青年共同修复了第一次世界大战被毁的房屋、牧场，共同的劳动，创造了交流沟通的机会，加深了了解，消除了战争造成的不和。国际劳动营逐渐成为欧洲各主要志愿者组织最普遍的活动形式。他们以和平、东西方关系、南北合作、环境保护、生态、禁毒等问题为劳动营活动的主题，促进各国间志愿者的交流、理解。一些体力劳动方面的志愿服务及社会公益活动逐渐减少。关注的问题在改变，活动的方式也在改变，开始以参观、旅游、夏令营等方式开展活动。

举办国际劳动营的程序一般分以下7步。①选题。确定一个有意义有吸引力的选题。②立项。根据活动主题，确定劳动营的劳动项目，比如除草、养老院服务、某地的卫生环境维护等技术性不强的体力劳动。③募资。募集活动经费，营员的交通、食宿费用自理。④培训。对劳动营组织者培训，招募相关的技术指导人员。⑤招募。公开招募劳动营人员。⑥开营。组织劳动营的人员开展活动。⑦总结。劳动营结束，对活动及经费使用情况写总结，然后要向上一级组织汇报，进行评估，以利于下一次活动的开展。

目前，劳动营的志愿者活动非常活跃，每年大约组织1500个劳动营，参加人数约5万人。1997年9月27日至10月10日，国际志愿服务协调委员会以国际劳动营的形式，派国际志愿者13名，到我国的北京和内蒙古两地，进行了14天的志愿服务活动。这13名志愿者来自11个国家，在内蒙古库布齐沙漠边缘进行了为期一周沙漠植树活动；在北京聋儿康复中心和残疾人康复中心开展扶助活动。国际劳动营的志愿服务已经感染了越来越多的人加入志愿者组织，把自己的爱奉献给他人，奉献给社会。

(3)国际志愿服务协调委员会(CCIVS)

CCIVS创建于第二次世界大战之后。像国际民众服务组织和国际劳动营一样，为了和平，为了反对战争，为了人道主义，为了重建家园，协调各志愿者组织开展志愿服务活动。1948 年，联合国教科文组织创立了国际志愿协调委员会(CCIVS)。

CCIVS 像国际民众服务组织和国际劳动营一样都是非营利性的非政府国际组织。CCIVS 的宗旨是：促进志愿服务在各国及国际上的广泛开展、推动人类和平与进步事业、为人民间的理解与友谊而努力，并始终如一。

CCIVS 的组织成员来自五大洲，共有 130 多个。其中正式会员 62 个，联席会员 70 个，专职工作人员 200 名，此外还有几千名志愿者。

CCIVS 的志愿服务是纯粹的民间性民事服务，是非政府行为，专业性弱，自我选择性相当大，完全出于自愿。

从统计数据来看，CCIVS 的活动中，涉及社区和农村发展的占 30%，环境保护占 25%，教育占 20%，文化遗产保护占 10%、种族和解占 10%，救灾援助占 5%。

CCIVS 对志愿服务的划分，分为三个层次：3 个月以内的服务为短期服务；3 个月至一年的为中期服务；一年以上的为长期服务。CCIVS 的成员组织，现在多从事的是中、短期服务，像劳动营、研讨会、人员交流等活动，开展长期服务还存在一些困难。CCIVS 由联合国教科文组织缔造，其活动经费也主要由教科文组织提供。教科文组织每年把 CCIVS 的拨款列入专项预算，大约提供 50%以上的活动经费，另外还有联合国青年基金的赞助，一些组织的捐助及会费。CCIVS 在继续加强与教科文组织合作的同时，也在发展与其他组织的合作，发展壮大自己。中国青年志愿者协会成立时，CCIVS 派代表参加了大会并发言，双方保持着良好的合作关系。

3. 国外志愿服务的发展

志愿服务从志愿者的产生始，至今走过了近百年的历史。百年中，志愿者一直紧跟时代步伐，志愿者组织的服务活动也一直面向社会，由战争救护、重建家园、安置孤儿等与战争相关的救助服务转向新时代、新纪元的主题，如经济建设、环境保护、社会进步等方面。可以说，志愿者的服务是极具时代感的服务活动。

志愿者的数量在与日俱增，志愿者组织的数量与规模也在一日日壮大，遍布全球各大洲。据统计，丹麦80％的青年参加过志愿服务，英国和日本每年有50％的公民参加志愿服务活动，加拿大每年有1/3的公民参加志愿服务，志愿者的服务遍布世界的角角落落。志愿者的精神受到世人崇敬，用联合国前秘书长安南的话说："志愿者精神是联合国精神的最终体现。"

志愿服务活动正在纳入一些国家的法律。在法国，志愿服务是与服兵役同等重要的国民志愿役，不履行者要处以2年有期徒刑；在丹麦，这个福利国家的法律规定，失业青年必须为福利机构或社会服务团体做义务服务工作，才具有接受福利救助的资格，同样适龄青年参加志愿服务可以免除兵役服务；韩国则规定中学生每年必须参加志愿服务40小时，而且计入学分，直接影响考大学的成绩。

志愿服务活动受到各国政府的高度重视。志愿服务活动由民间发起，现在许多政府参加志愿者活动的组织、服务项目的策划、服务经费的支持。许多政府要员亲自投身志愿者活动并任志愿者组织的领导，比如新加坡前总理李光耀亲自任志愿者协会主席，新加坡的公益基金会总统作总赞助人。再比如，美国的国务卿和几位前总统亲自上阵为志愿服务宣传募款，认为志愿服务关系着国家的未来发展，因此而努力奔波。中国青年志愿者行动得到党和国家领导人的高度重视，江泽民总书记曾亲笔题词"中国青年志愿者"，并于2000年1月做出重要批示，称赞它是社会主义一项大有希望的事业。

据统计，美国志愿者每年创造价值2250亿美元的社会财富；另据一些国家测算，志愿者每年创造的财富占本国国内生产总值的8％到14％。安南的讲话指出，在以往计算国民生产总值的时候不应忽略志愿者的贡献。这意味着，志愿者服务创造的巨大价值远远超过了服务本身。志愿服务不再是富人对穷人的施舍，而是一种改变着世界的活动，使这个世界更加团结，更加充满希望。

第八节　国外志愿服务借鉴——以英国为例

目前志愿服务几乎是每个文明社会不可缺少的一部分，志愿服务正以其突出的社会效益受到越来越多的国家政府和社会的重视。英国是世界上志愿服务萌芽最早、发展最成熟、成效最显著的国家之一，它的志愿服务发展成功经验，对中国开展志愿服务活动有很多可借鉴之处。

英国的志愿服务开展得十分活跃，拥有广泛的群众基础和良好的社会声誉，已经逐渐步入组织化、规范化和系统化的轨道，并且形成了一套比较完整的运作机制。可以说志愿服务已经成为英国加强对公民的道德教育和维护社会稳定的有效形式。英国志愿服务成功的因素主要有以下几方面。

(1)政府制定的稳定的制度支持和工作领域的合作双赢

英国政府首先已经制定了一系列的政策，以扶持志愿服务事业的发展，其中之一是制定制度鼓励捐赠。例如返还所得税制度。这不但是国家财政支持的变相形式，而且是鼓励社会更广泛的捐赠行为。2004 年，英国内务大臣 Mr. Brown 又宣布了一项面向包括志愿服务组织的便利捐献制度。该制度允许中小企业的员工直接通过他们的工资发放银行代理捐款，这样大大方便了中小企业的员工定期、不定期的小额捐款，也有利于志愿服务得到财力支持。该制度还规定了企业的捐款额从税前利润减除，即捐献部分是免税的。此外，政府还委托项目给一些志愿组织，市县合作双赢。英国政府，特别是地方政府往往会委托志愿组织完成一些属于政府职能的工作。例如，陪有需要的老人聊天是政府照顾老人的工作之一，该工作政府一般委托志愿组织完成，政府提供志愿者交通费、工作人员办公费等费用，从而很容易就达到双赢。

(2)社会力量的大力支撑和健全的监督机制

英国志愿服务成功还有一个重要原因是社会力量的大力支撑，整个志愿服务的主体可以理解为是社会力量的运作。志愿服务的资金有很大一部分是来源于社会的，除了个人和企业的募捐外，英国还存在大量的社会公益基金。比如儿童公益基金、千年志愿者公积金、欧洲慈善基金、健康部门与志愿行动基金等。事实上，政府对志愿服务的投入仅占 36%，且已包括了政府委托志愿组织的项目经费。

值得一提的是，英国对志愿组织主要的监督管理也是来自社会力量。英国的志愿服务行业形成了董事会为主体、政府为辅助的健全的监督机制。在英国，几乎每一个志愿服务机构都是独立法人单位，在自己的董事会的领导下实行自主运作。志愿组织的董事会也可以称为志愿组织管理委员会或理事监管人。董事会指导着志愿服务机构的日常运作、重大事件的决策、财务管理监督等。在缺少或者没有雇员的小型志愿组织，董事会还要负责日常的办公事务。政府对志愿组织的宏观监督包括一年一度的财务报告审查以及志愿机构资格审查。政府对之进行的具体监管更多的还是局限于政府与志愿组织合作的工作领域。

(3)广泛的社会基础和市场化、公司化运作

在英国，广泛的社会基础是志愿服务生存发展的基石和平台。在 2003 年，27%的公民每个月通过俱乐部、协会或其他组织参加至少一次的志愿服务工作；39%的公民在过去的一年最少参加一次志愿工作。广大公民的支持和参与才是志愿服务发展的根本。

虽然有政府和企业乃至个人的捐赠，但是志愿组织并不是单纯依靠社会和政府的给予。市场化、公司化运作是他们发展的重要原因。首先是每一个组织都是独立的法人，如同公司一样，自主经营、自负盈亏，每年很多组织不断发展壮大，但亏损甚多、无力偿还债务甚至关闭解散的也不少见。其次是不同志愿组织之间也存在激烈竞

争，因为志愿组织的资源（志愿者、社会捐献资金、政府拨款）总是有限的，所以，无论雇员还是董事会成员都有很强的竞争意识和危机意识。再次是许多志愿组织都在探索经营生意，谋求利润，支持志愿服务的发展。

(4)可靠的慈善品牌和坚持不懈的宣传教育

由于年复一年的品牌积累，志愿服务已成为最受公众信赖的组织。在 2002 年，63％的公民表示信任志愿服务机构，相比之下，只有 15％的公民表示信任政党，37％的公民表示信任议会。但尽管如此，政府和众多的志愿服务组织还是安排大量的人力物力进行坚持不懈的广告宣传，增强志愿服务的亲和力和吸引力，在英国的汽车站、飞机场、学校等公众地方，关于志愿服务的宣传资料随处可见。

(5)志愿组织倡导的无回报志愿服务与公民的成才就业、公司利益全面挂钩

一般来说，志愿服务要求志愿者在没有直接报酬的情况下，真诚的奉献时间甚至财物，但事实上，英国将志愿服务活动与公民的成才就业、公司的利益等挂起钩来，使志愿服务活动得到社会民众的全面响应，确立了一个广泛的群众基础。比如英国影响深远的千年志愿者行动，目的是为了鼓励 16—24 岁的青少年在给社区奉献的同时，学会新的技能，取得就业的资格。而 2003 年启动的全国志愿体验大行动的目的在于“……继承学习老一辈的才华和技能，因为他们的天才已经影响促进了一个时代”。在英国，许多公司鼓励员工定期当志愿者，因为这样他们的员工更加身心健康，更加了解社会，能更好地谅解公司的困难。有许多公司参与志愿服务，因为可以加强与社会交流，树立良好的社会形象。

第二章 中国青年志愿者

中国青年志愿者行动是一项与国际接轨、与社会主义市场经济同向并轨的跨世纪事业，致力于帮助有特殊困难的社会成员，推动社会保障体系的建立和完善；致力于消除贫困和落后，消灭公害和环境污染，普及科学文化知识，促进经济社会协调发展和全面进步；致力于建立互助友爱的人际关系和良好的社会公德，推动社会主义精神文明建设；立足于社会关注、党政关心、青年能为的社会公益事业，是动员和组织青年参加社会主义精神文明建设的有效载体，是新形势下共青团工作服务社会的新探索。

第一节 中国青年志愿者简介

1993 年底，共青团中央决定实施中国青年志愿者行动，12 月 19 日，2 万余名铁路青年率先打出了“青年志愿者”的旗帜，在京广铁路沿线开展了为旅客送温暖志愿服务。之后，40 余万名大中学生利用寒假在全国主要铁路沿线和车站开展志愿者新春热心行动，青年志愿者行动迅速在全国展开。近八年来，青年志愿者行动不断发展，志愿服务的领域不断扩大，志愿者队伍日益壮大。据不完全统计，至 2000 年 6 月份，全国累计已有 8000 多万次向社会提供了超过 40 亿小时的青年志愿服务。

为推动青年志愿服务事业的发展，团中央于 1994 年 12 月 5 日成立了中国青年志愿者协会，随后，各级青年志愿者协会也逐步建立起来。到2000年,已初步形成了由全国性协会、36个省级协会、2/3以上的地(市)级协会及部分县级协会组成的志愿服务组织管理网络。

1998年8月,团中央青年志愿者行动指导中心正式成立,负责规划、协调、指导全团的青年志愿服务工作,承担中国青年志愿者协会秘书处的职能。为使志愿服务落实到基层,深入千家万户,从1995年开始了社区青年志愿者服务站建设工作。现在,全国已建立社区青年志愿者服务站24000多个,"一助一"服务对子250万对,各地还建立了一大批青年志愿者服务基地、服务广场。10多万支志愿者服务队组成的青年志愿服务基层组织网络已见雏形。以1999年8月广东省人大通过的国内第一部青年志愿服务条例为标志,青年志愿服务的立法工作取得了突破。

青年志愿者行动是在党中央的亲切关怀下逐步发展起来的。1997年底,江泽民总书记为"中国青年志愿者"亲笔题名。2000年年初,江泽民总书记在杰出青年志愿者的来信上做出重要批示:"青年志愿者行动,是当代社会主义中国一项十分高尚的事业,体现了中华民族助人为乐和扶贫济困的传统美德、是大有希望的事业。努力进行好这项事业,有利于在全社会树立奉献、友爱、互助、进步的时代新风。希望你们在新的世纪里继续努力,发扬我国青年的光荣传统,不懈奋斗,不断创造,奋勇前进,为实现中华民族的伟大复兴做出新的更大的贡献。"2006年12月,团中央颁布了《中国注册志愿者管理办法》。

第二节　中国青年志愿服务发展历程

中国的志愿服务主要是由政府组织以及成千上万的较小规模、自下而上的社区基层组织这两方面的力量所推动的。通过志愿活动,志愿者不仅使他们所服务的社区受益,而且令自身受益。志愿者能够通过志愿服务来增强自己对他人的关爱之心，提升领导能力、管理能力以及沟通技巧。志愿服务教导人们要有责任心，促进互信和谐，让整个社会更有凝聚力。中国志愿者服务发展，大致可以分为这样五个阶段。

1. 1978—1986 年：公益转型阶段

中国的改革开放是在极端条件下启动的。十年“文革”，不仅使生活水平下降、物质匮乏，而且对社会公德造成极大破坏。人们心中聚积起强烈的改变生活现状、追求生活富裕的愿望。可以说，从 1978 年到 1986 年，批判陈旧、僵化思想观念，激发物质创造的热情，成为影响广大民众特别是青年的主流思考。虽然，有识之士对于社会公德被淡忘、友爱互助意识淡薄深感忧虑，提出了商品经济发展中要发扬传统美德、建设互助风尚的建议，但未能引起广泛关注。这时候，各种机构沿用“学雷锋、做好事”的方式，年年开展“学雷锋”活动，却止步于形式化、短期化，出现“雷锋叔叔三月来了四月走”的现象。即使社会中仍然有些乐于助人、热心公益的人士，也被社会忽略，甚至被认为是“傻帽”、“不够进化”。因此，中国的公益服务、友爱互助必须实现观念变革，创新发展，才能具有新的生命力。

2. 1987—1993 年：自发探索阶段

在改革开放的前沿，中西文化交汇的广州、深圳，一批热心青年率先探索志愿服务的形式，逐渐受到民众的欢迎，获得社会的认可。青年人从香港、澳门了解到“义务工作”具有公益服务的性质，并主动参考和借鉴，结合对“学雷锋、做好事”的改进，“志愿服务”的萌芽破土而出。1987 年，广州市诞生全国第一条志愿者服务热线电话；1989 年，天津市和平区新兴街道诞生全国第一个社区志愿服务团体；1990 年，深圳市诞生全国第一个正式注册的志愿者社团——深圳市义务工作者联合会；1992 年，在香港义工的直接指导下，广东省佛山市诞生“义工团”。内地许多省（区、市）也陆续产生不同类型、名称各异的志愿组织。萌芽状态的"志愿服务"由于是青年或者其他年龄人群自发组建、自发服务，力量仍然单薄，社会影响力有限，但它促进了商品经济社会中的新型友善互助风尚，提供了先行探索的经验。

3. 1994—2000 年：组织推动阶段

在共青团中央的发起和推动下，中国青年志愿者协会于 2004 年成立，中国青年志愿者行动步入其发展过程的第二个时期，即持续发展和深化阶段。这期间民政系统推动的社区志愿服务和中国红十字会推动的专业志愿服务也在发展。在几年的时间内，依托各级共青团组织，建立起全国、省、市、县四级青年志愿者协会，部分地区延伸到社区、农村，建立镇(街)青年志愿服务中心和社区(农村)青年志愿服务站。除此之外，虽然 20 世纪 90 年代中期世界妇女大会在北京的召开引发了民众对民间志愿服务的关注，但真正实际投身服务的其他群体并不多。综合分析可以发现，共青团推动的青年志愿者行动，为中国普及志愿事业奠定了基础。

4. 2001—2007 年：多元发展阶段

伴随中国改革的深化，国际化趋势越来越明显，国际上一些具有重要影响的行动对于国内产生着不可忽视的作用。2001 年的"国际志愿者年"庆祝活动，促进中国青年志愿者协会与联合国志愿人员组织合作，开展在中国境内的宣传推广，也促使社会各界发现志愿服务是涉及全民的事业，不仅仅是青年群体的事情。因此，在"国际志愿者年"活动影响下，政府部门和群众团体组织越来越重视志愿服务，其他机构与组织也开始热衷于志愿服务。民政部加快了发展社区志愿服务的步伐，2005 年 3 月成立中国社会工作协会社区志愿者工作委员会(后更名为"志愿者工作委员会")。中国红十字会和慈善总会扩大了公益志愿团队的力量，如妇联成立"巾帼志愿服务总队"等，企业与民间组织对于发展志愿服务的热情也日趋高涨。这时候，中国迎来了志愿事业多元发展的时代，打破了传统单一职能部门的限制。

然而，由于多元发展，许多机构、社团存在“争老大”、“认正宗”的心态，发展志愿者队伍过程中竞相追逐“权威性”、“垄断性”、“唯一性”，造成相互扯皮、内耗严重。可见，中国市场经济发展和社会竞争受到国情的制约，依然需要统筹和协调，不能陷入盲目的资源争夺与力量内耗。这一问题引起党和政府的关注，不断调整策略。

2005 年《中共中央关于构建社会主义和谐社会若干重大问题决定》提出“建立社会志愿服务体系”，2007 年党的十七大报告提出“完善社会志愿服务体系”，2008 年由中央文明委牵头，团中央、民政部配合，共同建立志愿服务的新机制，逐渐取得成效。

5.2008 年至今：全民参与阶段

2008 年有两件大事，有力推动了当代中国的志愿事业。一是突如其来的“5・12”汶川大地震，千百万志愿者踊跃奔赴救灾第一线。救灾现场、灾民安置点现场，到处都是解放军官兵、医务工作者等各类志愿者。志愿者中有党团员志愿者，也有企业志愿者和宗教团体志愿者；有青年志愿者，也有中老年志愿者和少年志愿者；有大学生、企业志愿者，也有居民、农民志愿者。二是百年盛事北京奥运会，百万志愿者参与服务，让各国领导人、运动员、媒体记者、现场观众、场外群众都对志愿服务有新的认识。

联合国志愿组织中国项目官员曾说，“2008 年将是中国志愿服务元年”，志愿者在汶川大地震中的无私无畏和在北京奥运会中的真诚奉献，标志着中国志愿服务发展到全民参与的志愿服务新阶段。据统计，2008 年全国志愿者队伍的规模已近亿人。其中，仅共青团、民政、红十字会三大系统，2008 年共增加志愿者 1472 万人，年增长率达 31.8%。在 2008 年四川汶川地震中，共有 300 万余名志愿者参加了抗震救灾工作，其中外省进入四川的志愿者人数 100 万余人，省内志愿者约 200 万人。全国参与赈灾、募捐、搬运、照顾伤病员等志愿者服务的人数超过 1000 万，其经济贡献约 185 亿元。此外，两亿的网民志愿者也为赈灾空前忙碌，捐资、捐物、捐骨髓，献血、献身、献爱心。据《2008北京奥运会、残奥会志愿者工作成果转化研究报告》，北京奥运会期间，各类志愿者累计服务时间超过2亿小时，按照北京市统计局公布的2008年北京市职工年平均工资标准，将北京奥运会各类志愿者的服务时间折合成工资，约为42.75亿元。

改革开放以来，共青团发起和推动的青年志愿者行动，一直成为率先探索志愿事业的主要力量，其"五个创新"功能值得重视：创造助人自助的新形式；倡导快乐服务的新生活；探索公民教育的新途径；激发社团组织的新活力；推进社会结构的新分化。如今，进入全民参与的志愿服务发展时代，中国逐渐建构"党政统筹、团青示范、社团管理、公民参与、社会支持、法律保障"的社会志愿服务体系。在这一体系中，青年志愿组织、社区志愿组织、企业志愿组织、专业志愿组织、慈善志愿组织、宗教志愿组织、民间志愿组织、国际志愿组织等分布在不同的地区，开展灵活多样的服务活动，直接帮助有需要的人群。

第三节 中国青年志愿服务领域

中国青年志愿者服务的对象主要是三类：一是以人为主的服务对象；二是以社会事业为主的服务对象；三是以重点服务项目为主的服务对象。

1. 以人为主的服务对象

(1)企业的困难职工和离退休职工。青年志愿者应把这一事关国家经济发展和社会稳定的大事当成自己的任务，认真实践，为困难企业排忧解难，努力协助有关部门做好下岗或待业职工的就业咨询和指导、培训、择业介绍等服务，组织青年志愿者开展"送温暖"活动，为离退休困难职工提供医疗保健及日常生活等方面的志愿服务。

(2)有突出贡献和有特殊困难的老干部、老科技工作者、老教师。胡锦涛同志曾强调指出："老同志为革命做出了贡献，是党和国家的宝贵财富，全社会，特别是青年为他们做些事情是应该的。广大青年志愿者为做出突出贡献和有特殊困难的老知识分子、老干部、老劳模服务，是在社会主义市场经济条件下建设精神的一种好形式。”青年志愿者上门入户为他们提供医疗保健、整理资料以及生活服务等，既为他们解决了生活上的困难，又使青年志愿者从老同志身上受到了许多教益，起到了良好的效果。

(3)农村青年文盲。据统计，我国有文盲约1.5亿，其中青壮年文盲有3500万，这是制约当地经济发展和社会进步的重要因素。共青团中央和国家教委组织实施的“中国大中学生志愿者扫盲与科技文化服务行动”，组织大中学生志愿者利用暑期深入老、少、边、穷地区或国家规定的扫盲重点地区开展扫盲与科技文化服务活动，并建立相对稳定的联系。同时开展科技扶贫、送医下乡等志愿服务活动。

(4)见义勇为英雄及家属。近几年，全国各地涌现出一大批为保护国家和人民生命财产安全见义勇为、扶正祛邪的英雄，为了不让“英雄流血又流泪”，青年志愿者们纷纷行动起来，以“爱英雄、帮英雄、学英雄”为主题开展志愿服务，分别承担了英雄及其家属的生活料理、医疗保健、子女家教等任务，体现了“正义与真情同在，青年与英雄同行”，使青年志愿者行动的服务对象延伸到了为帮助别人的人提供志愿服务上来。

(5)孤寡老人、孤残儿童。这些社会成员除需要获得必要的物质生活保障外，还需要在生活、健康等方面得到全社会的关心和帮助。为此，各地青年志愿者把他们作为重点服务对象之一，开展“帮孤助残献爱心”等主题活动，青年志愿者们深入敬老院、福利院、孤儿院，通过为他们提供生活、文化、教育、医疗保健等方面的志愿服务，使他们感受到了社会主义大家庭的温暖。

(6)灾区及贫困地区的困难群众。近几年来，各地青年志愿者围绕着为受灾地区群众送温暖和帮助贫困地区尽快脱贫致富，组织开展了为灾区困难群众捐款捐物和其他形式的送温暖慰问活动，为贫困地区开展科技开发、培训科技人员、文化扶贫、助耕助收、扫盲支教等服务活动，深受农民群众欢迎。另外，由一些乡镇青年企业家、农村星火带头人等组成的志愿服务队为边远、贫困地区引进项目，开展农业新知识、新技能的普及和推广，也取得了一定的经济效益和社会效益。

(7)农民工。如何引导“民工潮”有序合理的流动、安置好民工的工作和生活以及解决好他们在教育、文化、娱乐等方面的问题，一直是党政部门关注的大事。青年志愿者行动应该在这方面有所作为，组织青年志愿者为他们提供教育、培训、咨询、职业介绍、文化娱乐等方面的志愿服务就是一个切实有效的途径。

(8)农民工子女。随着中国经济社会发展和城市化进程的加快，大批农民涌入城市，从而产生了大量的留守儿童、流动儿童。在农民工子女这一群体中，学业、亲情、心理、安全等问题严重，对这一群体开展志愿服务意义重大。

2. 以社会事业为主的服务对象

(1)社区。主要是以青年志愿服务组织(如：志愿服务站等)为依托，以“一助一”长期结对、青年志愿服务广场为基本形式，组织青年志愿者为社区成员开展志愿服务和社区成员之间开展互助型的志愿服务。

(2)自然环境。随着科技和社会的进步，环境保护问题越来越突出，引起了社会各界的广泛关注。青年志愿者行动开展以来，不仅在植树、治沙、净化风景区、美化环境、为重点工程开展志愿服务等方面做出了贡献，同时也以自己的实际行动呼吁人们增强环保意识，共同维护人类的生存和发展环境。党的十八大更是把“生态文明建设”作为“五位一体”建设之一，保护环境的环保类志愿服务将是今后一段时期的志愿服务重点之一。

(3)社会治安。共青团组织结合党政关注、社会关心的治安问题，开展社会治安综合治理志愿者活动，组建治安联防、反扒队等志愿者服务队，深入社区、街道、农村，协助公安机关维护社会秩序。

(4)公益事业。根据社会急需，为抢险救灾、大型社会活动等提供突击性、应急性的志愿服务活动，深受群众欢迎和党政好评。同时扩大了青年志愿者的社会影响，带动了更多的人加入志愿服务的行列，在全社会树立了青年志愿者的良好形象。

3. 以重点服务项目为主的服务对象

近几年来，青年志愿者行动的服务领域不断扩大，在农村扶贫开发、城市社区建设、环境保护、大型活动、抢险救灾、社会公益等领域形成了一批重点服务项目。

(1)青年志愿者“一助一”长期结对服务计划。这项计划以孤寡老人、残疾人、生活困难的离退休人员和下岗职工、特困学生、国家优抚对象等困难群众为主要服务对象，通过团组织和青年志愿者组织牵线搭桥，在青年志愿者和服务对象间建立起长期稳定的关系，为困难群众提供力所能及的服务和帮助，成为青年愿者行动深入基层、深入人民群众的一项经常性、基础性工作。

(2)青年志愿者扶贫接力计划。这项计划从 1996 年开始实施，采取公开招募、定期轮换、长期坚持的接力机制，组织动员青年志愿者为贫困地区提供教育、农业科技推广、医疗卫生等方面的服务。到 2000 年，该计划共动员组织了 6810 人次青年志愿者参与服务，有 2310 名青年志愿者在 160 多个贫困县开展服务。从 1998 年 6 月开始，团中央青年志愿者行动指导中心组建了扶贫接力计划研究生支教团，三年中，从全国 36 所重点高校推荐的免试研究生中招募了 394 名志愿者，赴 16 个国定贫困县从事为期一年的教育工作。

(3)大中专学生志愿者暑期文化科技卫生“三下乡”活动。这项活动由中宣部、教育部、团中央联合实施，自 1994 年以来，每年组织动员近百万名大中专学生志愿者深入农村基层和受灾地区，开展了内容丰富、形式多样的扫盲和文化、科技、卫生服务，推广农村实用技术，倡导健康文明的生活方式，促进农村的经济社会发展。

(4)保护母亲河“中国青年志愿者绿色行动营计划”。这项工作以“劳动、交流、学习”为主题，通过组建绿色行动营、建设绿色行动基地，集中组织青年在重点区域开展植树造林、沙漠治理、水污染整治、清除白色垃圾等环保志愿服务活动。1999 年 6 月，首期项目河北丰宁营正式启动，不到半年时间就吸引了全国 19 个省（区、市）及英、法、德、日、土耳其等 12 个国家和地区的 1000 多名志愿者在车宁沙化区整地造林 1500 余亩，挖土石方 5 万方，回填土 3.75 万方。目前，内蒙古达里诺尔、黄河万家寨、四川广安邓小平故居、浙江楠溪江和合州、吉林延吉等地的项目正陆续启动。

（5）共青团关爱农民工子女志愿服务行动。这项活动与大型赛会志愿服务、海外志愿服务计划、西部计划一起，是 2010 年全团的青年志愿服务四大重点之一。2010 年 4 月起，共青团中央号召全国各地团组织普遍开展“共青团关爱农民工子女志愿服务行动”（简称“关爱行动”），重点围绕“学业辅导、亲情陪伴、感受城市、自护教育、爱心捐赠”5 个方面，动员广大青年志愿者为他们开展志愿服务。在推动“关爱行动”深入实施中，全团形成了完善结对机制、招募项目专员、推行七彩课堂、建立七彩小屋“四位一体”的工作格局，为农民工子女提供切实有效的帮助。

第四节 中国青年志愿服务的基本特征

中国青年志愿者行动在蓬勃兴起的过程中，呈现出符合时代和青年要求的鲜明特征。

（1）时代性。青年志愿者行动顺应了时代发展的要求，它着眼于为建立社会主义市场经济体制创造良好的社会环境，在建立和完善多层次社会保障体系方面有所作为；它弘扬新风正气，是新时期动员青年参与群众性精神文明建设活动的有效途径；它上为政府分忧，下为百姓解愁，帮困扶贫，救急救难，促进了改革、发展和稳定；它引导当代青年在服务社会的实践中成长成才，成为跨世纪的合格人才，具有鲜明的时代特征。

(2)自愿性。青年志愿者行动以激发基于道义良知、同情心和公民社会责任感等青年内心行为为主要动员手段。组织者公开招募，参与者自愿报名，充分尊重了当代青年平等参与的意识。由于青年志愿者行动以自愿参加为前提，参加行动的动力来自参与者本身，因而参与者更具有积极性和责任感，比较容易坚持，有利于活动的持久和深入。

(3)群众性。由于符合青年的愿望和社会的需求，青年志愿者行动具有强烈的社会感召力和广泛的群众基础，是一项以青年为主体的、全社会广泛参与的、充满生机与活力的群众性活动。它已超越了空间、时间、职业等方面的局限，遍及、深入到社会生活的各个方面、各个层面，在全社会形成了强烈的辐射效应。各地、各战线、各行业的团组织结合自己的实际开展活动，使志愿服务从内容到形式都呈现出丰富多样的特征。青年志愿者行动的参与面、发动面和服务面都比较广泛。

(4)实践性。青年志愿者行动是一种生机勃勃的群众性社会实践活动，它既是实实在在的社会服务活动，又包含着深刻的思想政治教育内容，是两者有机的结合，具有帮助他人、完善自己、服务社会、弘扬新风的功能。青年志愿者实实在在的服务实践，使服务的主体和客体都发生深刻的变化。

(5)开放性。青年志愿者行动立足现实，着眼未来，服务社会，教育青年，是一个开放的、动态的系统，无论是内容还是形式，都具有丰富的内涵和极强的吸纳能力。青年志愿者行动是一项面向社会、面向世界、面向未来、充满勃勃生机的跨世纪事业，它鼓励和需要人们大胆探索，勇于实践，不断创造、丰富和完善它的内容和形式；它充分尊重和大力倡导各地各类青年志愿者组织在志愿服务方面的自主性和创造性，形成丰富多彩、富有特色的志愿服务活动模式。

(6)社会性。从发展目标来看，青年志愿者行动要逐步成为社会成员的一种日常行为，成为全社会广泛参与的一项社会事业。就推进手段而言，青年志愿者行动从组织发动、开展服务到机制建设，都十分注重开发和利用社会资源，调动社会各方面的积极性，形成合力，共同推进。

(7)事业性。各地都坚持以办事业的精神和方式推进青年志愿者行动，非常重视研究和探索使青年志愿者行动坚持长久的途径、方式和机制，在开展活动的同时注意健全组织，稳定队伍，建立基金，形成项目，并创造和完善了使活动经常化、规范化的"一助一"、"包户"、"结对"、"三定三包"等志愿服务形式，以及在青年志愿者招募、使用、管理、培训、评价、奖励等方面逐步形成较为规范的制度，努力使青年志愿者行动成为一项跨世纪的事业。

1994年2月，中共中央政治局常委、书记处书记胡锦涛同志在参加"为老科学家、老教育家、老干部献爱心"青年志愿者活动时指出，开展青年志愿者行动，一定要坚持"自愿参加、量力而行、讲求实效、持之以恒"的原则。这是开展青年志愿者行动必须遵循的基本原则。

"自愿参加"主要是强调参加青年志愿服务的自觉性。自愿参加是青年志愿者行动的主要特征之一，也是开展青年志愿服务活动的前提。只有"自愿"才能称其为"志愿者"，只有"自愿"才能持久。对于参加者而言，青年志愿者行动的魅力就在于它变"要我参加"为"我要参加"，充分尊重青年的主体地位，注重调动青年自身的积极性、主动性。

"量力而行"就是要根据自己人力、物力、财力条件允许的程度来开展工作。要研究服务客体，也就是要研究服务对象，搞清楚服务需求。现实生活中的服务需求是多方面和多层次的，开展志愿服务活动一定要从共青团和青年的实际出发，从各地、各战线、各行业的实际出发，从社会需求的实际出发，把主观愿望和客观实际结合起来，把社会需求和服务能力结合起来，实事求是，量力而行，不搞一刀切。

要分清什么是现在能做到的，什么是下一步才能做到的，什么是将来才能做到的，还有什么是我们做不到的。我们既不能无所作为，也不可包打天下。要循序渐进，逐步发展，切不可操之过急，否则欲速则不达。

“讲求实效”首先就是要办实事。青年志愿者行动的出发点和立足点，就是要上为政府分忧，下为群众解难，为社会、为群众办实事。其次是要抓落实。面上的示范性的活动要搞，但工作重点是狠抓在基层的落实。青年志愿服务只有落实到基层，落实到具体人、具体事，真正成为基层广大青年的经常行为，才有生命力和发展前途。再次是求实效。求实效的集中表现就是在实践中使社会和群众体验和享受到志愿服务的成效。办实事、抓落实、求实效三者缺一不可。

“持之以恒”就是指青年志愿服务要做到经常化、长期化。青年志愿者行动是一项跨世纪事业，必须以办事业的精神和方法来推进。开展志愿服务活动必须与建立多层次社会保障体系结合起来，必须着眼于建立有中国特色的青年志愿服务体系，必须建立必要的机制以保障青年志愿者行动经常化、长期化、规范化、制度化。要健全组织，稳定队伍，建立基金，制定规章，形成机制，坚持长久。要保持工作和人员的相对稳定性和连续性。

“自愿参加”、“量力而行”、“讲求实效”、“持之以恒”是相互联系的一个整体。只有“自愿参加”才能“持之以恒”，自愿是持久的前提，自愿才会任劳任怨、坚持不懈。“量力而行”也是“持之以恒”的重要因素，只有“量力而行”，才不会力不从心，虎头蛇尾，半途而废。也只有“讲究实效”，实实在在地为社会、为群众做好事、做实事，使青年志愿服务落实到基层，深深地扎根于人民群众生产生活的基本需要之中，才有强大的生命力，才能“持之以恒”。

第五节 中国青年志愿者招募

随着中国志愿者服务的发展，其招聘和管理呈现多头管理的特点，主要来说，中国目前的志愿者招聘和组织有着官方、非官方和民间三种形式，具体其组织方式可以分为9类，包括政府部门、人民团体、事业单位、社会团体、基金会、草根组织、国际机构、企业、志愿者群落。

1. 政府部门

政府部门发动组织志愿者在2008年汶川地震中表现较为突出，主要是以各地政府部门"对口援建"的方式，动员和组织省内志愿者赴灾区开展志愿服务。志愿者多为公务员，前往灾区的志愿者多是从众多报名者中遴选出的政治觉悟高、业务水平高、服务热情高的"三高"人员，以党员为主。服务类型多集中在建筑施工、心理调适、文化教育、社会治安等方面。

2. 人民团体

人民团体有着从中央到基层完善的组织体系，具有较高知名度和较大的社会影响，其中以共青团组织的中国青年志愿者协会、中国红十字会的组织规模最大。

自1993年底团中央发起实施青年志愿者行动以来，志愿服务已在全国范围开展十六年，累计已有4.03亿多人次的青年和社会公众为社会提供了超过83亿小时的志愿服务。在《中国注册志愿者管理办法》进行规范注册的志愿者人数已达到3047万。

青年志愿者行动的组织网络主要由以下三个网络组成。①协会网络。全国90％以上地(市、州、盟)、80％以上的县(区、市)以及1968所高校成立了青年志愿者协会。②专门协调指导机构网络。1998年8月，团中央青年志愿者指导中心正式成立，负责规划、协调、指导全国青年志愿者行动，并承担中国青年志愿者协会秘书处的职能。山西、广西、广东、上海、贵州、重庆、辽宁、湖北、四川、河南、北京、湖南、江苏、黑龙江、福建、内蒙古、云南等省(区、市)也陆续成立了相应的专门工作机构。③社区志愿者服务站网络。目前全国已有89000多个社区志愿者服务站,与数十万支青年志愿者服务队共同构成了中国志愿服务的基层组织网络。

在2008年汶川地震中,共青团通过各青年志愿者协会招募志愿者,仅两个月时间即从全国向灾区派遣了150余支志愿服务队。

这种类型的志愿者招聘多为委托高校,或在系统内报名,以行政动员的方式展开,呈现出组织性强、管理难度小的特点。

3. 事业单位

事业单位的志愿者在常规情况下没有显现出来,一般在国家应急灾害中体现较为明显。在2008年汶川抗震救灾中,志愿服务表现尤为突出,其中,高校、医院、研究院所等成为事业单位抗震救灾志愿服务的主力,其主要组织形式以行政命令的形式开展,这些机构利用自己的专业优势开展志愿服务。在对受灾民众进行服务的同时,也对其他志愿组织和个人提供指导和培训。如中国科学院心理研究所成立了救灾工作小组,在本系统内招募工作人员前往灾区开展心理干预及对志愿者的培训工作,并与网易合作成立"蓝十字心理援助行动站"。四川省社科院启动了"志愿者加油站行动研究"项目,该项目通过"志愿者加油站"的实践创新,探索突发事件中临时征集志愿者的管理办法,以及志愿者的速成培训方案。

4. 社会团体

社会团体多为官方化的社会组织及鼓励发展的团体,有着数量众多的会员单位,社会资源丰富,既善于进行政策倡导,促进行业规范,又能够动员多方资源,共同开展实践。

较为突出的如成立于1991年7月的中国社会工作协会。它是经过中国社会团体登记机关核准登记、国家民政部直属主管的全国性专业社会团体，是中国唯一代表从事社会工作的单位和社会工作专业人员的权威组织，下设志愿者工作委员会，在全国范围内发动社区志愿者的建设，成立中国最大的志愿者门户中国社区志愿者网站，搭建中国志愿服务支持平台，为志愿服务发展募集社会资源。在地震中，志愿者工作委员会，利用自身优势，开通了“全国抗震救灾热线”，接受全国救灾志愿者的报名及提供咨询；实施“地震灾区心理干预志愿服务促进计划”，在四川当地培训了数千名心理援助志愿者；并在灾区长期驻扎进行调研，组织编写《志愿服务行动规范》，以期为各社会组织参与志愿服务提供参考。

5. 基金会

基金会的志愿服务主要体现在一些志愿者相关的项目上，如南都公益基金会的“新公民之友志愿服务支持计划”，是由南都公益基金会和中国社会工作协会志愿者工作委员会联合发起主办，由新公民学校发展中心承办，主要是以新公民之友网站作为主体，采取线上线下相结合的方式，帮助和支持志愿者及社会机构更好地为农民工子女提供志愿服务。

在抗震救灾中，各基金会及公益组织也在第一时间派出了组织的工作人员前往灾区抗震救灾，其中，友成企业家扶贫基金会的“友成志愿者”表现较为突出，在地震之前，友成就已经用一年左右的时间着手研发了志愿者大规模组织动员体系“扶贫志愿者行动计划”，在地震中得到了试点实行，在绵竹等地建立“友成志愿者驿站”，一方面继续为“绵竹市社会资源协调平台”提供人力资源支持，另一方面在灾后重建社区综合治理方面进行示范性实践。

6. 草根组织

草根组织在公益的多个领域表现踊跃，尤其是教育、环保、文化建设和社区服务，总的来说，呈现出自发性、小群体的特点，但是因为关注的层面丰富多样、关注的问题细致深入，所以能为上述组织提供有益的补充，如“多背一公斤”服务、北京红丹丹教育文化交流中心、自然之友、心连心手拉手国际志愿者服务队等等。在救灾服务中，它们大多以机构原有的资源为基础，提供与机构理念相一致的服务。其服务的专业性、公民意识、发展理念，以及需求导向、参与式工作方式使他们具有鲜明的特征。

7. 国际机构

国际机构自从20世纪80年代进入中国以来，在中国多个领域开展志愿者工作，集中在扶贫开发、艾滋病、医疗、环保等领域，如无国界医生组织（Doctors Without Borders，MSF[①]）、世界宣明会、香港乐施会、国际行动援助、心连心国际组织、四川农村发展组织（Development Organization of Rural Sichuan，DORS）、国际小母牛项目组织等，这些国际组织在中国表现出管理规范、专业性强等特点。

8. 企业

企业的志愿者服务多为公司组织，在日常工作中，多表现为和一些非政府组织（Non-Government Organization，NGO）机构合作，以履行企业责任的目的进行，如许多世界五百强公司与国际青年成就协会合作，提供其专业人员进入高校用一手的经验帮助学生进行就业、创业准备，激励并帮助青少年在全球经济中取得成功。在汶川地震中，许多企业除捐资、捐物外，纷纷组织员工志愿者参与救灾及灾后重建，如中国人保集团分批选派员工志愿者赶赴灾区，除了员工志愿者外，他们还接收了许多个体志愿者，开展了多类型的志愿服务；万科集团灾后成立了员工志愿服务队，鼓励员工带薪参加志愿服务，普通员工每年2周，中高级管理人员每年1个月以上，驻扎在汉旺镇的万科志愿者团队总结各方经验自己编写了《志愿者指南》，希望为志愿服务提供实务层面的工作方法。

① MSF为法文名称缩略而来。

9. 志愿者群落

志愿者群落是由志愿者自发组织,没有注册也没有相对完整的组织结构,人员不太稳定,但却具有高度灵活性和行动力的志愿组织。在汶川地震中,这类志愿者群落尤为突出,许多个体志愿者通过IM即时消息、电话等工具迅速集结投身到灾区一线。他们中既有专业人士,更有普通民众,活跃于现场救援、运输搬运、物资发放、帐篷搭建、灾民安置、心理干预、信息收集等工作中。如聚爱义工、滴水公益、助心小组、爱心通道、“关爱生命万里行”活动小组等群体,其组织行为多为自发性。

第六节 中国青年志愿者管理

同样的,对于志愿者的管理,不同的志愿者组织也有不同的规章制度。中国青年志愿者、中国红十字会志愿者和社区志愿者构成了中国志愿者类型的主体,本书以这三大志愿组织为例,对目前中国的志愿者管理方面进行介绍。

1. 中国青年志愿者协会(中国青年志愿者)

(1)组织领导

中国共产主义青年团发起和推动了中国青年志愿者的浪潮,并指导成立了中国青年志愿者协会,并由其来组织各界青年从事和开展社会公益事业与社会保障事业。协会由团体会员和个人会员组成。团体会员中,全国性专业、行业团体会员 3 个.即全国铁道青年志愿者协会、全国民航青年志愿者协会、中国青年志愿者协会科技分会。地方性团体会员 33 个,即各省(区、市)青年志愿者协会,和中直机关青年志愿者协会、中央国家机关青年志愿者协会,并依托各级共青团组织,建立起全国、省、市、县四级青年志愿者协会,部分地区延伸到社区、农村,建立镇(街)青年志愿服务中心和社区(农村)青年志愿服务站，在基层构建由服务站、服务基地、服务队组成的组织网络。中国青年志愿者协会负责全国注册志愿者工作的规划、指导和检查，各级青年志愿者协会和各级团委相关部门负责当地志愿者的注册管理工作。

(2)志愿者的登记、注册管理

县级或县级以上团组织、志愿者组织为志愿者注册机构，负责志愿者注册管理工作。机构健全、制度完备的县级以下基层团组织、志愿者组织，可经所在县级团组织、志愿者组织授权开展志愿者注册工作，申请人向相应的机构申请入会，注册成功后即获得全国统一使用的注册号及志愿服务证，志愿服务证在全国通用，用于记录注册志愿者参加志愿服务的时间、内容和所获的志愿服务荣誉。注册号在志愿服务证和胸章上标明并记录在志愿者本人的注册档案中。注册号由共青团中央青年志愿者行动指导中心、中国青年志愿者协会秘书处统一确定编制规则。

(3)培训与激励

各级团组织、志愿者组织负责注册志愿者的管理和培训工作。具体工作原则上由志愿者组织负责，尚未建立志愿者组织的，由团组织负责。

团组织、志愿者组织依据已认定的志愿服务时间的长短，分别授予注册志愿者中国青年志愿服务金奖、银奖、铜奖和服务奖奖章，评定工作由共青团中央、中国青年志愿者协会授权相应级别的团委、志愿者协会负责，并在每年国际志愿者日(12 月 5 日)前后举行奖章授予仪式。

2. 中国红十字总会(中国红十字会志愿者)

(1)组织领导

由教育、卫生、共青团等相关部门组成的中国红十字志愿服务工作委员会负责对全国红十字志愿服务工作统筹规划、指导、监督和检查，其办事机构设在中国红十字会总会事业发展部，依托同级红十字会，各省、市、县等成立相应级别的红十字志愿服务工作委员会。目前，全国已有 14 个省红十字会、4 个计划单列市和 118 个设区市的市级红十字会成立了志愿服务工作委员会，这些志愿服务工作委员会负责研究志愿服务工作，制定发展规划，实施规范管理，为志愿者提供服务等。

(2)志愿者的登记、注册管理

在志愿者的管理方面，遵循《中国民政部及中国红十字志愿服务管理办法》对志愿者进行招募、登记注册、培训和管理。凡参与由团体单位组织的红十字志愿服务活动的个人，即成为红十字志愿者；个人申请加入红十字志愿者，需要填写《中国红十字志愿者登记表》，并在所在地红十字会备案，经县级及以上红十字志愿服务工作委员会批准后，配发红十字志愿者证、中国红十字志愿服务卡和服饰，即成为红十字志愿者。此外，志愿服务时间每年累计达到 20 小时的红十字志愿者，应主动到所在地红十字会申请成为注册红十字志愿者。志愿者的统计工作，由各级红十字会组织负责。

(3)培训与激励

红十字志愿者培训分基础培训、专业培训和骨干培训。基础培训教材由中国红十字会总会统一编写，专业培训教材大纲和骨干培训教材大纲则由中国红十字会总会相关业务部门负责编写。省级红十字会要根据总会专业培训教材大纲和骨干培训教材大纲，结合本地实际情况编写培训教材。骨干培训和专业培训由同级红十字会负责组织实施。基础培训由志愿服务组织负责组织实施。

中国红十字会总会将按照《中国红十字志愿者表彰奖励办法》，在各省表彰的基础上，每 5 年组织一次对全国红十字志愿服务工作中做出突出贡献的组织和个人进行表彰奖励。县级及以上红十字会可根据实际，对其工作范围的红十字志愿服务先进集体及个人进行表彰奖励。

(4)志愿者服务平台和志愿者服务队伍

红十字总会依靠志愿者服务平台来具体开展志愿者工作，各级红十字博爱新村、博爱卫生院(站)、博爱小学、博爱书库、社区(村、镇)红十字服务站、博爱超市、冠名红十字会的医疗机构、献血屋、志愿捐献遗体纪念地等是志愿服务的平台。具体的志愿者工作开展主要是依托志愿者服务队伍,按照红十字会总会的宗旨,提倡按照业务工作领域组建志愿服务队伍。重点要放在应急救援、卫生关怀、人道救助、捐献造血干细胞、遗体捐献、宣传无偿献血、宣传预防艾滋病、红十字精神传播、筹资劝募、海外服务十个方面组建志愿服务队;同时鼓励按照社会工作领域组建志愿服务队伍。在学校、社区、乡村、企事业单位等社会工作领域积极开展红十字志愿服务活动,建立红十字志愿服务队伍。

3. 中国社会工作协会(社区志愿者)

(1)组织领导

中国社会工作协会是经过中国社会团体登记机关核准登记、国家民政部直属主管的全国性专业社会团体,是中国唯一代表从事社会工作的单位和社会工作专业人员的权威组织,所属的志愿者工作委员会负责全国社区志愿者的注册、规划、实施、指导和检查工作,而区(县)级(含)以上民政部门负责社区志愿者指导中心和社区志愿者协会,各社区居民委员会负责社区志愿者分会或社区志愿者服务之家,并安排专人负责社区志愿者注册管理工作。

(2)志愿者的登记、注册管理

中国社区志愿者面向社区公开招募,申请人向社区志愿者注册机构提出注册申请,填写全国统一格式的注册登记表,经组织审核合格者,即由社区志愿者注册机构颁发中国社区志愿者证,中国社区志愿者证是注册社区志愿者的身份证明,全国通用,用于记录注册社区志愿者基本信息、奖励情况以及参加志愿服务的时间、内容和质量,证书上标明该志愿者全国统一使用的注册证号。

(3)培训与激励

社区志愿者组织负责其注册社区志愿者的管理和培训工作。社区志愿者组织在每年年末，开展对注册社区志愿者的年度评定工作，根据社区志愿者提供志愿服务的时间和服务质量，采取星级评定激励机制，并授予社区志愿者星级证书。评定工作由中国社会工作协会社区志愿者工作委员会授权相应的民政部门和社区志愿者组织负责，并规定四星级（含）以上社区志愿者可参加中国社会工作协会社区志愿者工作委员会每年一度的“中国社区志愿者之星”的评选，五星级社区志愿者可参加民政部和中国社会工作协会每五年一度的“全国社区志愿服务先进个人”的评选。

而已经注册成为社区志愿者的成员经年度审核评定，当年参加志愿服务的时间不满 15 小时的，或者有其他不符合注册社区志愿者要求的，年度评定为不合格者，取消其下一年度注册的资格，收回其中国社区志愿者证，并记入档案。一次年度评定为不合格者，可向注册机构重新提出注册申请，经审定合格后可再次取得注册社区志愿者资格。连续三次年度评定为不合格者，注册机构不再受理其申请要求。

4. 三大组织管理模式的共同点

（1）行政力量的参与

中国青年志愿协会、中国红十字总会和中国社会工作协会均是带有官方色彩的社会组织，中国红十字总会由教育、卫生、共青团等相关部门组成，而中国社会工作协会则是直属于民政部的全国社会团体，其志愿者工作的开展依托的是全国民政系统，中国青年志愿者则是全国各级团委及相应的协会直接发起并组织志愿者活动。行政力量的参与使得志愿活动可以在一定时候，如大的政府活动，得到政府和有关机构的支持，并且易于组织和管理，但是他们缺乏长期稳定的社会支持，只有在特殊志愿活动和服务对象经过报刊宣传引起社会关注之后，才得到临时性赞助和支持。

（2）全国性的网络覆盖

正是基于第一个特点——三类志愿者的组织依靠行政力量的推动，全国行政网络的搭建自然带来了志愿者组织全国的网络化，中国红十字总会在各省(区、市)、市、县成立相应级别的红十字志愿服务工作委员会,而中国社会工作协会则由区(县)级(含)以上民政部门负责社区志愿者指导中心和社区志愿者协会,中国青年者协会依托各级共青团组织,建立起全国、省、市、县四级青年志愿者协会,部分地区延伸到社区、农村,建立镇(街)青年志愿服务中心和社区(农村)青年志愿服务站,并在基层构建由服务站、服务基地、服务队组成的组织网络。这样全国性的网络建设,能够深入到最基层开展活动,并有利于组织全国性的大型活动,但同时由于各层级管理水平参差不齐,也会带来管理上的不规范,进而影响组织长远的发展。

(3)和政府政策动向密切相关

由政府和半政府机构创办的志愿者组织和志愿者活动,大多与政府的活动和政府的政策有着密切的关系,或多或少受到政府政策的影响。如社区服务和社区建设基本上是在民政部门的管理和支持下成立的,许多地区的社会服务中心是民政部门的直属单位或直属事业单位,由民政部门的领导担任社区服务中心的领导,社区服务也因此具有浓厚的行政色彩。

第七节　中国青年志愿服务的社会影响

中国青年志愿者行动实施以来,得到了广大青年的积极响应,获得了党政领导和社会各界的充分肯定,受到了人民群众的普遍欢迎,产生了良好的社会影响。志愿服务正在成为新的社会风尚,越来越多的青年及社会各界群众加入到志愿者的行列。在 2009 年招募 2500 名扶贫接力计划青年志愿者的过程中,有 5 万余名各界青年踊跃报名。2010 年 3 月 5 日“中国青年志愿者服务日”活动中,全国有 1000 多万青年参与。在唐山大地震中不幸截瘫的残疾群众逢人常说的一句话就是:“一下雨,一下雪,青年志愿者们就来帮助我们!”青年志愿者是他们的“贴心人”“好帮手”。中央领导和各级党政领导都对青年志愿服务事业的发展给予了肯定，并提出了明确要求。青年志愿者活动被写入党中央十四届六中全会决议、十五届三中全会决议等重要文件。

中国志愿服务实践充分说明，青年志愿者行动符合时代发展的潮流，符合人民群众的需要，符合当代青年的特点，蕴藏着巨大的发展潜力，呈现出旺盛的生命力和广阔的发展前景，是发展社会主义市场经济中一项生机勃勃的事业。它使一些需要帮助的社会成员从志愿服务中感受到社会的温暖，在全社会弘扬“奉献、友爱、互助、进步”的志愿者精神，倡导时代新风正气，对社会主义精神文明建设有积极的推动作用，已经成为新时期群众性精神文明创建活动的有效途径；它以扶贫济困为主题，以社会困难群体为主要扶助对象，通过志愿服务方式为困难群众提供实实在在的帮助，为我国多层次社会保障体系的建立做出了积极的贡献；它为当代青年在实践中锻炼成长提供了广阔的舞台，开辟了现实的途径，体现了共青团在实践中育人的宗旨，成为新时期加强青年思想政治工作的重要载体；它适应当代青年自主意识、参与意识日益增强的特点，组织和引导青年以志愿服务方式积极参加经济建设和社会发展，调动了青年的内在积极性，已经成为共青团在社会主义市场经济条件下动员和组织青年的有效手段，成为新时期青年工作的重要内容；它与国际志愿服务接轨，受到国际友好人士的普遍好评，在国际上树立了当代中国青年的良好形象，成为加强与各国青年之间交流与合作的重要渠道。

青年志愿服务事业虽然取得了较大发展，但仍然处于发展的初级阶段，运行中存在一些实际困难，特别是在长期项目的资金保障方面，需要社会各界支持，需要党政部门的政策和资金倾斜。另外，要进一步加大对青年志愿者行动的宣传力度，在全社会形成参与志愿服务光荣的道德风尚，感召更多的青年投身志愿服务的实践，推动这项事业在新的世纪实现更大的发展。

第三章 应急志愿者

四川“5·12”地震后,成千上万的志愿者从全国各地、世界各地,或通过组织,或自发地赶赴灾区,他们出现在紧急救援、医疗救助、伤病陪护、心理救援、儿童教育、物资发放、卫生防疫乃至抢收抢种等一切需要人力的地方。这次救灾中,志愿服务具有行动快、人数多、领域广、作用大的特征,是迄今为止我国志愿者动员最多、参与人数最多的一次。香港、澳门、台湾的志愿者也分别到达重灾区服务,其中,台湾慈济志愿组织来的人数很多,涉及多个灾区乡镇,提供的服务类型多样。总体说来,四川“5·12”地震救灾志愿服务非常及时,在救援工作中做出了贡献,得到政府、机构与群众的高度认可。

第一节 应急志愿者简介

1. 应急志愿者涵义

应急志愿者是指不以物质报酬为目的,在依法成立的应急志愿者组织注册登记,按规定参加应急知识、技能等培训和相关演练,具备参与应急救援等应急管理工作相关能力,自愿参与应急志愿服务的人员。应急志愿者不以物质报酬为目的,他们能够主动利用自己的时间和自己掌握的应急技能等各种资源,为避免或减少突发事件对社会和他人造成生命和财产损失,自愿提供应急救援服务和帮助。

在当今社会,应急志愿者的地位变得越来越重要。根据世界卫生组织(WTO)的一项统计数据显示,目前各类事故不同时段的死亡率分别如下:在遇到各种事故之后,即刻死亡的人(数秒到数分)占总死亡人数的50%;早期死亡(2～3小时)占总死亡人数的30%;后期死亡(伤后数周内)只占总死亡人数的20%。更值得注意的是,即刻死亡的案例中,87.7%的死亡都是发生在事故现场的。训练有素的应急志愿者,在发生紧急情况后,沉着冷静,可以及时有效的组织应急救援,疏散群众,救治伤员。有时作为第一目击人,在第一时间救治伤员。有时采取急救措施,为专业人员到场救治伤员赢得宝贵的时间。广大企事业员工特别是高风险行业从业人员,都有必要学习掌握紧急救助技能,积极参加志愿服务,以便发生突发事件时,自救及救人。

2. 突发事件涵义及特征

(1)突发事件的涵义

2007年11月1日起施行的《中华人民共和国突发事件应对法》(以下简称《突发事件应对法》)第三条指出:“本法所称突发事件,是指突然发生,造成或者可能造成严重社会危害,需要采取应急处置措施予以应对的自然灾害、事故灾难、公共卫生事件和社会安全事件。”

(2)突发事件的特征

①突发性。突发事件的突发性是指对于突发事件是否发生,于什么时间、地点,以什么样的方式爆发,以及爆发的程度等情况,人们都难以在事前准确地把握。同时其变化的规律往往也没有经验性的知识可供指导,应急组织必须采取非常态化决策。

②危害性。突发事件因事发突然,往往给国家、社会、民众造成巨大的危害。这种危害有直接危害也有间接危害。直接危害主要是指客观能见的人员伤亡、组织消失、财产损毁、环境破坏等。间接危害主要表现为突发事件对社会心理和个人心理所造成的破坏性冲击,进而渗透到社会生活的各个层面。有些突发事件还会对一个社会系统的基本价值、根本利益和行为准则产生严重威胁,对社会系统具有高度破坏性。各类突发事件之间又会相互影响、相互交叉,连锁

反应进而衍生出新的灾害等。

③应急性。突发事件的应急性一方面表现为其处置手段的应急性，另一方面表现为应对突发事件的机制也是应急的。为了应对突发事件，需要各级各类组织根据应急法制编制出规范、科学的应急预案。突发事件发生后必须立即启动应急机制，及时有效地做出应急处理。对突发事件的应急反应越快，决策越准确，突发事件所造成的损失就会越小。

④公共性。首先突发事件危及公共利益，突发事件因为具有严重的危害性，往往对公共财产或福利、公共安全、公共秩序产生负面影响。其次突发事件发生后公共权力必须及时介入。再次应对突发事件必须调动和整合全社会的人力、物力、信息等公共资源和力量，这不仅意味着行政系统内部不同部门之间的协调和配合，同时还意味着政府与社会组织及公民个人的合作与沟通。

(3)突发事件的分类

根据突发公共事件的发生过程、性质和机理，我国将突发事件分为以下四类。①自然灾害类。主要包括水旱灾害、气象灾害、地震灾害、地质灾害、海洋灾害、生物灾害、森林草原火灾等突发事件。②事故灾难类。主要包括工矿商贸等企业的各类安全事故，交通运输事故，公共设施和设备事故，环境污染和生态破坏事件等突发事件。③公共卫生事件类。主要包括传染病疫情，群体性不明原因疾病，食品安全和职业危害，动物疫情，以及其他严重影响公众健康和生命安全的突发事件。④社会安全事件类。主要包括恐怖袭击事件，经济安全事件和涉外突发事件等。

3. 应急志愿者诞生的背景

近年来，我国突发事件频发、多发，公共安全形势严峻，加上我国救援力量不足，公众普遍缺乏自救互救能力，突发事件带来的生命和财产损失，严重威胁着社会稳定、经济发展，威胁着人们对和谐、幸福生活的期待。应急志愿者正是在这样的背景下诞生的。

(1)我国面临着严峻的公共安全形势。我国国土面积广阔,气候条件多样,地震、洪水、台风、暴雨等自然灾害频发。"十二五"时期,在全球气候变化背景下,自然灾害风险进一步加大,各类灾害的突发性、异常性、难以预见性日显突出。同时,随着我国工业化和城镇化进程明显加快,城镇人口密度增加,基础设施承载负荷不断加大,交通事故、火灾事故、群体性事件、公共卫生事件各种突发事件风险和矛盾交织并存、相互叠加,客观上对我国的突发事件应急能力提出了更高水平的要求。

(2)我国救援力量不足。国外发达国家大多拥有比较完善的救援机构和应急志愿者,日本不足2亿人口,却拥有各类救助员2万多人,平均每1万人就有1个救助员,还有大量的应急志愿者。而我国除医疗、消防等少数行业具有专业救助队伍外,其他行业的应急志愿者少之又少,有的行业和单位几乎是空白。救援任务繁重与救援力量短缺的矛盾日益突出。当灾难突发时,仅仅依靠现有的救助人员,难以满足日益增多的自然灾害和突发公共事件的需要。

(3)公众缺乏自救互救能力。由于防灾应急教育体系的缺失等原因,公众危机意识不强,普遍缺乏突发事件应急知识和自救互救的技能,在专业救援人员未能及时赶到现场时,不能有效地组织自救互救行动,形成了救援的空白带,往往延误最佳施救时机,给人民群众的生命和财产造成损失。

在这样的背景下,政府需要动员社会各界力量,尽可能减少和避免人们的生命财产损失。毋庸置疑,应急志愿者队伍正是政府应对突发事件的重要辅助力量,是防灾救灾的生力军。

4. 应急志愿者的权利与义务

根据《中国注册志愿者管理办法》的规定,志愿者的权利和义务如下。

(1)权利:①参加志愿服务活动;②接受相关的志愿服务培训;③要求获得从事志愿服务的必需条件和必要保障;④优先获得志愿

者组织和其他志愿者提供的服务;⑤对志愿服务工作提出意见和建议;⑥相关法律、法规、政策所赋予的权利;⑦可申请取消注册志愿者身份。

(2)义务:①遵守国家法律法规及团组织、志愿者组织的相关规定;②每名注册志愿者每年参加志愿服务时间累计不少于 20 小时;③履行志愿服务承诺,传播志愿服务理念;④自觉维护团组织、志愿者组织和志愿者的形象;⑤自觉维护服务对象的合法权益;⑥自觉抵制任何以志愿者身份从事的赢利活动或其他违背社会公德的活动(行为);⑦履行相关法律法规及团组织、志愿者组织规定的其他义务。

第二节　应急志愿服务

应急志愿服务主要是指应急志愿者在应对突发事件时,在应急准备、监测预警、应急响应、恢复安置四个阶段,承担以下职责。

(1)应急准备阶段。应急志愿者应该有意识地在企业、社区等地方开展民众自救、互救等应急知识的宣传推广;应急志愿者自己要在队伍中组织自救互救专业技能的训练、演练。

(2)监测预警阶段。应急志愿者应该配合专业应急队伍和政府部门开展灾情、民情的搜集和上报工作。

(3)应急响应阶段。应急志愿者应该有效、有序地组织灾民进行疏散安置、自救互救、应急避险;应急志愿者帮助政府工作部门平息各种谣言,维护社会秩序;应急志愿者要大力协助配合专业救援队进行抢险救护;应急志愿者应在力所能及的情况下协助进行救灾物品的筹集、运送和发放。

(4)恢复安置阶段。应急志愿者也应该承担一部分灾后居民心理咨询、疏导、恢复安置的工作。

第三节 应急志愿者应满足的基本要求

应急志愿者在各大活动、灾害来临的时候都承担着很重要的角色，因此成为合格的应急志愿者，应该满足以下基本要求。

1. 应急志愿者职业操守

应急志愿者应该做到遵纪守法，忠于职守；服从命令，听从指挥；反应迅速，沉着冷静；熟悉技能、操作规范；帮助他人，服务社会；不计报酬，勇于奉献。

2. 应急志愿者体能要求

突发事件纷繁复杂，对应急志愿者的体能也是一个巨大的考验，因此，检验应急志愿者体能素质的一些测试也是十分必要的。体能测试要求见表 3-1。

表 3-1 应急志愿者体能测试表

项目编号	项目名称	基本要求
1	放置工具	高度：1.9 m（双脚须平稳站立）
2	60 m 抬担架	两人一组于两分钟内用抬床平稳地运送模拟伤者（路程：60 m）
3	一分钟仰卧起坐	一分钟内最少完成 12 次
4	一分钟俯卧撑	男性一分钟内最少完成 18 次 女性一分钟内最少完成 10 次双膝跪地掌上压
5	坐地前伸	做三次，其中一次可于"坐地前伸箱"上伸展双手 14 cm
6	2.4 km 跑步	19 分钟内完成（完成时间每少一分钟，总分额外加一分）

3. 应急志愿者应具备的专业知识

专业知识是志愿者所拥有的特殊的、与众不同的知识，往往与志愿者的基本能力一起构成志愿服务的主要力量源泉，在志愿服务当中发挥着巨大的作用，同时也有助于志愿者团队的服务开展和综合素质的提高。专业知识可为服务对象带来实实在在的得益，同时也是志愿者在团队活动中体现自己价值的重要标志，因此志愿者本身应加以重视。对于应急志愿者来说，应具备以下专业知识，方能从容应对不同的突发事件。

(1)应急志愿者应该了解我国突发事件应急管理基础知识。包括突发事件的含义与特征，突发事件应急管理的基本内容，控制突发事件的一般原则，程序和措施以及我国突发事件的分类与分级，我国突发事件应急管理的体制和政策。

(2)应急志愿者应该了解应急志愿者的性质、任务和行为规范。

(3)应急志愿者应该了解突发事件紧急救助基础知识。包括突发事件的分类、特点及其危害性，突发事件的应急处置程序和方法以及突发事件紧急救助中的注意事项。

(4)应急志愿者应该了解医疗救护基础知识。包括突发事件中对人员救助的原则和基本方法，熟知心肺复苏、止血、包扎、搬运等知识并能够应用。

4. 应急志愿者对自我能力的认知

能力是指圆满完成某种活动所必须具备并直接影响服务效率的个性心理特征，能力必定是和人所完成的活动紧密联系的。这里所说的能力就是指可以用于志愿服务的能力，其中包括观察力、知觉力、思维力、想象力、记忆力、意志力等，而急躁、冷默、活跃等心理特征就不是完成某种活动最直接、最基本的心理特征。在志愿服务中，几种能力的有机结合和协调运作，才能够成为一系列能力的综合，才可以形成俗称的“才能”，不同能力的结合则形成不同的才能。

想参加志愿服务的人士应该对自己的能力作一个正确的全面的总结，同时注意一般能力与专业能力的区别和联系。一般能力也称基本能力，具有经常性、稳定性和普遍性，即普通能力。专业能力则反映顺利完成特殊活动所要求的专业技能、特长，也可称特殊能力，或称为“特长”。专业能力是特定活动所要求的多种基本能力的有机结合。一般能力是专业能力的基础，一般能力越发展，专业能力越能得到提高；而发展专业能力提高的同时，也提高了一般能力，两者之间起着相辅相成的作用。而在应急志愿服务中，对于专业能力的要求就更高，更广泛。作为一名应急志愿者，必须具备下面的专业能力。

(1)现场评估能力。应急志愿者在赶赴现场之后，如果能对现场有一个基本的把握，分清轻重缓急，对接下来采取对应措施将有很大的帮助。应急志愿者需要判别突发事件发生的时间、位置，能判断事件类型、危害性和影响范围。

(2)事态控制能力。在突发事件发生之后，应急志愿者必须保持冷静，有序地引导和帮助遇险人员逃生。这需要应急志愿者掌握使用一般救援工具的能力，并了解逃生的方法和注意事项。比如，应急志愿者必须掌握使用便携式灭火器的能力，能够对初期火灾进行扑救；应急志愿者应能对可疑危险物品进行隔离和处置。当然，应急志愿者也需要根据实际情况使用相应的个人防护用品进行自我保护。

(3)医疗救护能力。这包括伤情判断和伤情处置两个方面。在遇到伤员的时候，应急志愿者应该运用自己掌握的知识，能对伤员进行意识、呼吸和循环等生命体征的初检；能初步判断伤员伤情严重程度；能判别伤员是属于何种伤情类型，是意识不清、休克、窒息还是骨折等；能对伤员的伤情处理情况进行简单的记录；最后能按规程向专业救护人员概述伤情并完成移交手续。在伤情处置的时候，应急志愿者要能够按步骤进行心肺复苏、心脏除颤等急救操作；能对意识不清、休克、窒息和中毒的伤员进行现场急救处理；能使用三角绷带、绷带、手帕、毛巾、衣服等进行伤口包扎；能对骨折伤员采取救助措施，实施临时固定；能根据规定操作程序对伤员进行搬运转移。

突发事件发生之后，控制现场、抢救伤员刻不容缓。只有具备以上特殊能力的志愿者，才能在瞬息万变、紧张复杂的环境中承担起应急志愿者的职责。

5. 应急志愿者对自我性格的认知

源于性格的相互冲突，存在于志愿团体的志愿者管理人员与志愿者之间、志愿者与志愿者之间、志愿者与服务对象之间、社会服务对象管理机构人员与志愿者之间、甚至外界社会人士与志愿者之间。因此，性格对于志愿者在志愿者团队的存在起着相当重要的意义，切不可忽视。

例如，志愿者的服务对象是一位盲童，盲童需要的是志愿者和他多说话多沟通，而开展志愿服务的志愿者如果是相当内向的，在服务时很拘谨，发言很少或者是一言不发，结果服务对象有需求，志愿者却因自身的性格而不能给予满足，这样的志愿服务一定是失败的。

由于性格关系到志愿者与其他志愿者、服务对象、志愿者机构管理人员之间的相互作用，也可关系到团队或组织的运作。因此，志愿者对于自己的性格，应在参加志愿服务之前有一个具体、准确的认知，再根据自身实际情况参加适合自己的服务项目，或者在通过志愿者团队组织的一些辅导后，改善自己性格方面的不足，使自己更能胜任志愿服务。志愿者应该从下面四个方面评价自己、他人、服务对象的性格，以利于志愿活动的顺利开展。

(1)对现实的态度：包括对人、对事、对社会、对自己的态度。如：是否关心志愿者团队，有无同情心，为人诚实、正直还是虚伪、奸邪，勤劳还是懒惰，谦虚还是自负，是否能与人友好相处，自信还是有自卑感等。

(2)性格的意志特征：包括对行为目标的明确程度、行为的自觉控制水平、面临困难的意志表现、自我做出的决定能否贯彻到底等，如目的性或冲动性，独立性或易受暗示性，纪律性与放纵性，主动性与自制力，勇敢与怯懦，恒心与顽固，坚韧与偏执等。

(3)性格的情绪特征：包括情绪的强度、稳定性、持久性、主导心境等方面。如情绪对他人的感染力，情绪的起伏与波动程度，情绪对身体、工作、生活发生影响的时间长短，一个人是经常处于精神饱满、欢乐愉快之中，还是经常郁郁寡欢，或经常处于宁静安乐的心境之中。

(4)性格的理智特征：包括表现在感知、记忆、思维、想象等认识过程之中的特征。如观察的持久性、细致程度，喜欢独立思考还是循规蹈矩，是否有大胆的想象力，记忆的策略如何等。

作为要求成为志愿者的朋友，在对于自身性格有一个较为全面的认识之后，可以选择与之相适应的服务，不能强行参加一些不合适的服务，避免问题的发生，或者可以在服务时对自己的性格表现进行一些的控制或适当改变，以适应服务的需要。志愿者团队的志愿管理人员也要注意及时进行指导工作，以利于志愿者团队工作的顺利开展。

6. 应急志愿者对自身健康、行为、时间的认知

(1)对自身健康情况的认知

志愿者在服务时必须有一个正常的健康状态，这样才可以在志愿服务中顺利完成志愿服务。什么叫健康？长期以来，单纯从生物医学模式出发，认为健康就是“没有病”，而对心理或精神的健康却是了解较少。但人既然是组成社会的个体，人的活动就离不开社会，除生理活动之外，还有心理活动，因而健康不仅仅是机体没有病，还应该有良好的心理状态和社会活动能力。

世界卫生组织曾经对健康提出以下定义：“健康不但是身体没有残疾，还要有完整的生理、心理状态和社会适应力。具体地说，健康包括躯体、器官等生理方面的正常发育，也包括认识、情感、意志与人格特征以及社会适应等心理方面的正常发展。躯体健康和心理健康统一起来，才是完整的健康。”健康包括生理上的健康、心理上的健康和社会学上的健康。由于志愿者的社会角色、身份各不相同，导致其社会学上的健康标准各不相同，因此在此主要谈到的是生理和心理上的健康。

①生理学上的健康。从外观看应是体重适当，身材均匀，站立时

头、肩、臀位置协调；眼睛明亮，反应敏锐，眼睑不发炎；头发有光泽，牙齿清洁、无空洞、无病感；齿龈颜色正常无出血症状，肌肉、皮肤富于弹性；身体各器官没有发现疾病。

②心理学上的健康。正常青年人心理健康标准如下。

a. 智力正常。智力是衡量心理健康最重要的标准之一，是正常生活、学习和工作的基本心理条件，是人们与周围环境达到心理平衡的心理保证。心理学家普遍用智力商数[简称智商(IQ)]表示智力发展高低，一般而言，正常智商为90～110。

b. 有独立完整的人格。心理健康的人，胸襟开阔，胸怀坦荡，言行一致，表里如一，热爱生活，善于生活，一方面能调节自己的行为，克服各种困难，另一方面也能战胜自己的疲倦、抑郁、沮丧等消极情绪，能忍受打击而保持自身人格的完整，达到心理的平衡。

c. 尊重自己，尊重别人。尊重自己就是要有自尊心，有自知之明和良好的自我意识。缺乏自尊心的参与者，则忧郁颓废。而且还要尊重别人，讲究文明礼貌，要知彼知己，谦虚谨慎，看别人的长处，认识自己的不足，互相学习，共同提高。尊重别人，并非盲从，而是正常心理适应。

d. 有良好的人际关系。人生活在社会之中，必须与各种各样的人交往，结成不同的关系，并能正确地处理好这些关系，保持和睦相处。

e. 要有适应的年龄心理特点。不同的年龄阶段各有与之相适应的年龄特点。一个人的举止、言行符合其年龄特点者，是健康的表现，反之，严重地偏离了自己的年龄特点者，为不健康的表现。

f. 有高尚的追求目标。有理想、有信心、坚韧不拔，树立正确的世界观，树雄心、立壮志，勤奋好学，自强不息。

g. 基本稳定的情绪。遇事冷静思考，谨慎处理，在顺境中，不会不可一世，骄傲自满，盛气凌人，忘乎所以；在逆境中，也不会自怨自艾，多愁善感，抑郁沮丧，消极悲观，心境上常常保持相对的平衡。

对于想参加志愿服务的人士，应该以生理、心理健康的标准来比对自己的情况，考虑能否参加志愿服务活动。当然，也并不是需要具备标准里的全部内容才能参照志愿服务。不同的身体健康状况能够承担起不同种类的志愿活动，如户外的活动，需要志愿者起码能够承受户外阳光的暴晒，不会发生中暑或不适昏倒而退出服务活动。参加志愿服务心理方面的基本要求有两项：一是志愿者应该能够控制自己的感情，因为面对服务对象的情况，不少志愿者可能会触景生情，或者在听完服务对象的不幸经历之后，可能会跌入一个心理“黑洞”。二是志愿者应该能够正确面对压力和意见。例如遇到有人对志愿者冷嘲热讽，“做志愿者好蠢啊！”“志愿者是个免费劳力！”志愿者能稳定情绪，坚持参加志愿服务。

(2)对自身不良行为的认知

由于志愿者服务活动主要是靠志愿者与服务对象之间的面对面，手拉手的服务来完成的，因此志愿者与服务对象之间存在着明显的相互影响的关系，如果志愿者本身存在着能对服务对象起负面影响的不良行为，则会直接影响服务的质量，并对服务对象产生较坏的作用。

不良行为是指不能适合于志愿者服务活动的举止行为，包括言语和动作，这里包含一部分日常生活、工作、学习中的不良行为，如吸烟、酗酒等，而另一部分则是在服务过程中不利于服务对象的进步和改善，严重者会使服务对象学会这些不良行为，加重他们的不利因素。如一位志愿者是商场的售货员，因工作原因而养成给予顾客带有欺骗性的赞美，以增加自己售卖成绩的习惯，但在服务过程中，这种行为习惯则是不可取的，尤其对于年龄小，判断能力差的服务对象容易产生负面的影响，使得他们有机会学习这种欺骗性的行为，甚至会活学活用，结果给服务带来了不良的后果。

由此可见，志愿者的行为对于志愿服务是十分重要的。志愿者在参加服务活动前，应该对自身的不良行为有正确的认知，如果自身的行为比较良好，就能够适合志愿服务的需要。如果自身的确存在着不良行为，的确不适合开展某一类服务活动时，你可以更换服务对象，也可以通过自身的努力而改变甚至消除自身的不良行为，使自己能够胜任志愿服务。

此外，由于一些不良行为会严重影响到志愿者之间或志愿者与机构之间关系的维系，例如某些人总是喜欢滔滔不绝地说话，这样在团队容易使人产生厌恶心理，影响此人在团队中的形象，也影响到团队的团结。所以不仅在服务时要注意，在整个志愿工作中都要注意。

(3)对自身空闲时间的认知

志愿服务是一项长期的、经常性的服务活动，志愿者的空闲时间对于志愿服务来说是十分重要的，由于空闲时间而想参加志愿服务的热心人士，慎重考虑自身的空闲时间，在处理完工作时间、个人学习进修时间、社交时间之后，确实存在空余的时间用来做志愿者时，才去志愿者机构报名，但应该提出的是，这种空暇时间应该相对固定，如每周六、周日，或者是周一至周五的某个下午或晚上时间，这样才能使服务固定下来，方便志愿者机构去安排志愿服务，有利于志愿服务的稳定长期开展。

第四节 应急志愿者队伍

作为一个地域辽阔、自然灾害频发、人口众多的国家，在突如其来的灾难面前，政府的应急救援力量总是有限的，无法单独满足应对灾难的所有需求。而具备专业技能和知识的志愿者队伍，则成为政府防范和应对突发事件的重要力量。在突发事件的应急处置中，志愿者和志愿者组织具有地理上的便利性，特别是在交通、信息中断，专业救援人员无法迅速到达现场的情况下，遍布全国的志愿者、志愿者组织，往往能够最先到达现场，迅速展开救援等应对工作，从而最大限度地减少受灾者的生命和财产损失。目前，应急志愿者队伍已经成为我国应急队伍体系的重要组成部分,加强应急志愿者队伍建设是做好新形势下应急管理工作的重要举措。

1. 应急志愿者队伍的组织形式

应急志愿者队伍领导机制。由团组织、应急办、相关部门负责人、专家联合成立跨界的领导机构,比如联席会、协调委员会,主要职责:组织、协调各系统、各行业应急志愿者开展应急志愿服务活动;负责制订辖区内应急志愿者服务发展规划,统筹、协调、指导应急志愿者队伍各项活动,总结推广应急志愿者服务经验,评选表彰应急志愿者先进典型等。

2. 应急志愿者队伍的工作职责

(1)参与应急知识宣传普及。协助做好应急避险和自救互救等应急知识的宣传普及,不断提高公众安全意识、防灾减灾与自救互救能力。

(2)参与隐患排查。协助做好突发事件隐患排查工作,参与制订整改方案。

(3)参与信息报告与传递。收集上报与突发事件有关的信息,协助做好预警信息传递工作。

(4)参与应急救援。根据需要,按照"统一组织、统一调配"原则,协助专业救援队伍做好应急救援工作。

(5)参与灾后重建。协助做好灾后生产、生活设施的重建,医疗康复、心理咨询等工作。

(6)实施公益项目。募集资金、物资,组织、实施与防灾应急相关的公益项目。负责与国内外应急志愿者组织开展交流活动。

3. 应急志愿者队伍管理体制机制和保障制度

(1)组织领导。各级政府是推进应急志愿者队伍建设工作的责任主体,对本级应急志愿者队伍建设进行规划部署、指导协调、经费保障等相关工作。建立健全应急志愿者队伍的注册登记、考核认证、培训演练、调用激励等管理制度。

(2)运行机制。应急志愿者平时在各自单位工作,发生突发事件后,要立即集结到位,在当地政府或应急现场指挥部的统一领导下开展救援工作。建立健全应急志愿者队伍的调用机制,建立应急志愿者信息库,保持联系畅通。加强应急志愿者队伍与专业救援队伍之间的协调配合,建立健全相关应急预案,完善工作制度,实现信息共享和应急联动。建立健全应急志愿者队伍与专业救援队伍及装备统一调度、快速运送、合理调配、密切协作的工作机制,有计划地组织应急志愿者队伍与专业救援队伍开展联合培训和演练,形成有效处置突发事件的合力。

(3)宣传招募机制。以社会化招募为主,组织招募为辅相结合的原则,采用定期招募和适时补充的方式,加大对应急志愿者工作的招募力度。通过电台、电视台、网络、平面媒体、宣传栏等各种媒介,广泛吸纳社会各界、各行业、各专业人士,不断壮大应急志愿队伍,让更多的社会公众了解、支持、参与应急志愿者工作。定期根据工作需要和群众服务热情进行人员补充和适度流转,保证队伍规模的相对稳定。

(4)注册认证机制。在实现对应急志愿者注册的基础上,根据《中国志愿者注册管理办法》规定,对其开展资格认证工作,颁发注册志愿者证、章,确认其合法身份,保障其合法权益。同时,要加强对应急志愿者在参与日常志愿服务活动和应急救援实战演练活动中的志愿服务经历认证,实现对应急志愿者的服务认定和精神激励。

(5)培训工作机制。要充分依托网络资源、信息技术以及民防系统的优势,制定系统的培训教材,确定专业的培训人员,加强对应急志愿者的培训力度。要充分发挥网络优势,开辟网络培训项目,采用集中培训、自学和网络教学相结合的方式,逐步形成完善、科学、便捷的培训体系。

(6)激励保障机制。要通过建立绩效考核和激励表彰机制,完善应急志愿者保障机制，加强对应急志愿者的人性化关怀，对成绩突出、表现出色的应急志愿者在精神激励的基础上，配套给予物质奖励。建议所在单位和部门对应急志愿者参与应急志愿服务提供时间和工作上的便利，鼓励各单位在同等条件下优先录用有应急志愿服务经历且表现突出的志愿者。

第五节 "5·12"汶川地震中的应急志愿者

2008年，"5·12"汶川地震发生后，我国政府迅速响应，有效应对，获得了国内外的普遍赞誉。在地震救援的过程中，全国各地涌现出大批志愿者。志愿者的积极参与是汶川地震应急管理的一大"亮点"。据了解，5月12日汶川地震发生当晚，第一支志愿服务队就赶到成都市都江堰灾区，搭建帐篷协助医院收治伤员。5月13日，四川团省委通过电台、电视台、报纸、网络面向社会不间断播出志愿者招募公告，大量志愿者迅速向四川汇集，由于各地志愿者报名踊跃，四川团省委的4条招募热线5天内打坏了3部电话。除了来自全国各地的志愿者外，来自加拿大、美国、俄罗斯、日本、新加坡等地的境外志愿者也积极参与抗震救灾工作。

在抗震救灾的不同阶段，志愿者承担了不同的任务。在抢险救灾第一阶段，志愿者主要在灾区从事现场搜救、医疗救护、卫生防疫、物资配送等志愿服务。在受灾群众安置和灾区重建阶段，志愿服务的重点也逐渐转为在灾区群众集中安置点、救助点、板房区、医院为灾区群众提供心理疏导和日常陪护等服务。广大志愿者为抗震救灾做出了积极贡献，涌现出了许多先进典型和感人事迹，受到了灾区群众的广泛赞誉。

1. 志愿者的故事

据共青团四川省委不完全统计，抗震救灾期间，团省委累计接受志愿者报名118万余人，有组织派遣志愿者18万会人，开展志愿服务达178万人次。这还不包括民间自发组织和无偿献血的志愿者。地震发生后，超过20万名志愿者第一时间从全国各地奔向地震灾区，在每一处废墟争分夺秒地参与救人。为了挽救生命，他们和人民子弟兵、白衣天使一起，将汗水和鲜血洒在地震灾区的每一个角落。直到2011年底，仍有超过5万名志愿者在四川灾区服务。志愿者用自己的行动向世人表明中国公民的一份力量。

2008年5月13日上午，一道45度倾斜的山坡成了北川县幸存民众逃生的唯一通道。适逢下雨，余震中碎石子不时从泥泞的山坡滚落。惊魂未定、满身伤痕的幸存者们已经没有勇气爬上这个陡峭山坡，直到他们看见山坡上伸过来的一双双布满鲜血的大手。来自四川长虹的近百名志愿者12日晚就赶到了这里，在湿滑的山坡上搭起了人梯。有的人一只手抓住树枝，另一只手抓紧下面的人往上拽；有的人只能半趴在山坡上，双手死死抠住石头，伸直一条腿让下面的人攥着裤腿往上爬。许多人的手划开了口子，但没有一个人松手。

汶川大地震灾区面积约50万平方公里，4600多万名群众受灾，仅需要转移安置的群众就达1500多万人。面对如此广阔的面积，如此庞大的受灾民众，志愿者们第一时间深入一个个安置点，帮助分发物资、维持秩序、照顾老弱病残。绵阳市九洲体育馆——这座能容纳6050人的普通体育馆，在地动山摇之际，成了灾区十万多民众避难的场所，被喻为“当代的诺亚方舟”。“如果在这里有人因为没人照料而死去，那将是我们所有人的耻辱。”绵阳市三台县茶楼老板古米蓝说。从5月13日起，直到7月1日拆掉最后一顶帐篷，古米蓝和她的“完美春天”团队成了九洲体育馆志愿者的代名词，仅在“完美春天”登记造册的受灾群众就超过了3万人。体育馆里妇女、婴儿较多，许多女性连卫生巾都没有。细心的古米蓝看在眼里，每天十几趟跑到广播站，通过广播为她们寻找母婴用品。到后来，只要看到这位身材瘦小、头戴白色遮阳帽、声音嘶哑的女人，大家都会亲切地喊她“蓝姐”。

黄朝礼，北川县擂鼓镇人，大地震夺走了他11名亲人。他忍住悲痛成了九洲体育馆的一名志愿者。2008年7月1日的雨夜，黄朝礼和伙伴们的最后一个任务是帮助拆除体育馆广场上的近千顶帐篷。天黑路滑、任务紧急，负责押送帐篷的黄朝礼不慎从行驶的车上摔下。伙伴们感到很对不起黄朝礼，他却说："没关系，跟大家在一起，我再苦再累心里也好受。"九洲体育馆作为临时安置点运转了50天，进出人数达50万人。正是有了志愿者们的无私奉献，这里没有出现一例伤亡，没有发生瘟疫。

四川省红十字会的办公室里，至今还保存着一个纸箱，里面装的是数十位志愿者的遗书："亲爱的爸爸妈妈，我是志愿去到一线，不管结果如何我不会后悔。""如果我有什么不测，请原谅儿子不孝，因为四川人民也是我的亲人。"灾难的规模是空前的，比起抢险救人的热血激情，任重道远的灾后重建更需要毅力恒心。

2. 志愿者参与的特点

(1)人数众多。据团中央抗震救灾工作联合办公室和中国青年志愿者协会的初步统计，截至2008年6月3日20时，全国共有561.2万人通过各级共青团组织报名参加抗震救灾志愿服务，各地直接和间接参与了抗震救灾的志愿者共有491.4万名。

(2)多元组合。参与地震救援的志愿者的构成多元化。他们之中，既有志愿者组织或其他非营利组织招募的志愿者，也有"单兵行动"的个体志愿者；既有高级白领，也有农民、打工者；既有企业老板，也有个体户；既有年轻的大学生，也有当地的中小学生。

(3)行动迅速。地震发生后，各地的志愿者组织立即开展行动，部署参与救援工作。而更多无组织的个人以各种方式积极支持灾区救援。

(4)积极主动。主动性强是汶川地震志愿者行动与以往志愿行动的不同点之一。中国以往的志愿者行动在很大程度上源自官方的推动，而汶川地震后的志愿者行动主要来自于民间和个人的自觉。

可以说，汶川地震后的志愿者行动源于灾难激发的人们内心深处对人性的关怀，或称之为志愿精神的萌发。

(5)反应灵活。相比之下，志愿者比政府在某些方面反应更为灵活。在此次救援中，通过政府渠道发放救灾物资一般需要3～4天，而一些志愿者却能做到从物资运抵机场，再发放到灾民手中仅用1～2天。

虽然此次志愿者行动也暴露了一些不可回避的不足，但从总体上讲，志愿者为汶川地震救援及重建工作做出了有目共睹的成绩，也为推动中国志愿者事业做出了里程碑式的重要贡献。

第六节　国内外应急志愿者队伍介绍

在我国香港以及国外一些发达国家，应急志愿者组织发展历史悠久，数量众多，涉及范围也非常广泛，有些应急志愿者组织，已经成为应急管理的重要力量。其经验和做法值得我们借鉴。

1. 香港民安队

成立于1952年的民安队，全称为香港民众安全服务队，是香港特别行政区政府下辖的一支辅助应急队伍。民安队全部由志愿人士组成，到2011年，已经有3634名成人队员，3232名年龄介于12至17岁的少年团团员。经过多年的发展，现在的民安队已成为一个服务多元化的辅助组织，在发生天灾人祸时，执行各种应急服务，协助减轻香港正规部队的负担。香港民安队自成立以来，出色完成了包括非典、印尼海啸等无数重特大的抢险救灾任务。

民安队队员每年必须要保证不少于60个小时的训练时间，至少30个小时的服务时间，而这些全部都是义务的。在民安队的队员，凡是服务达到15年，可以得到铜质奖章，服务20年，将可得到银质奖章，如果达到30年，就可以得到白金奖章。民安队队员都非常珍惜这份荣誉，民安队对于队员来说，就像家一样。虽然队员来自各行各业，但他们都具有救援的专业素质。每年民安队队员都要进行严格的体能测试，如果不能通过，就会被淘汰。

民安队为政府及非政府组织提供的服务，主要包括：紧急动员；山野搜索及抢救行动；水灾救援；台风袭港期间的候命出动服务；防止山火任务；山岭搜救；在各郊野公园及远足路径执行巡逻任务；为年龄介于12至17岁的青少年提供纪律训练、技能训练，培养青少年的公民责任感。在非紧急事故期间，民安队提供的服务有：维持人群秩序；远足径及郊野巡逻；为青少年服务。

民安队宣扬和坚守以下信念：致力服务香港市民和有需要人士，提供优质的专业服务；发挥团队精神；秉持诚信和负责任的原则，并建立对民安队的归属感；积极与人沟通，互相尊重、彼此包容；乐于助人，积极为公众服务；以开放的态度应对转变。

民安队的使命是：在发生任何紧急事故时提供卓越的民间支援服务，并随时准备派遣队员前往香港以外地方协助灾难管理工作；培育青少年成为未来领袖和负责任的公民；为社区提供日常非紧急服务；为志愿队员提供优质培训，确保他们在执行行动任务和服务社区时得心应手；与内地及其他国家的相关组织保持紧密联系，从而促进技术交流和开阔国家及国际视野；成为关怀社群和效率卓绝的政府组织。

在香港公民心中，做志愿者，帮助他人是一件很快乐的事情，这也是民安队之所以能发展壮大的根源。

2. 德国专业化应急救援志愿者队伍

德国专业化应急救援志愿者队伍建设很具特色。这支队伍训练有素、技术装备精良、反应迅速，应急救援水平高，是德国应急救援体系中的中坚力量，并在国际应急救援中享有盛誉。他们具备如下特点。

(1)具有专业化的应急救援知识和技能。

这是德国应急救援志愿者队伍最为突出的特点。应急救援志愿者队伍救援知识和技能专业化，是建立在应急救援任务专业化分工基础之上的。德国技术救援协会对志愿者们按救援任务的不同，进行了细致的技术性分组，设立各种技术救援小组。技术救援小组所拥有的救援技术覆盖了各种灾种。技术救援协会下设6支联邦政府救援队，33支水处理快速反应队，16支建桥队、油污处理队，66支电力供应、指挥、通讯、后勤保障队，132支水灾救援队，264支基础建设队，810支技术分队。志愿者分属于什么样的专业救援队，就具备什么样的专业救援知识和技能。

(2)德国专业化应急救援志愿者队伍十分庞大。

德国有着非常庞大的专业化应急救援志愿者队伍，不但弥补了职业应急救援力量的不足，同时为政府节约了大量的人工成本。在全国8200万人口中，有180万人是具有专业化应急救援知识和技能的志愿者。其中有130万名志愿者在消防部门承担着救火、救灾和救护任务；有8万名志愿者在联邦应急救援机构承担着技术救援任务；有近50万名专业志愿者在民间救援组织中随时听候政府调遣，其中德国工人救助联合会有17000名、德国水上救生协会有47000名、德国红十字会救援组织有400000名、约翰尼特事故救助组织有26000名、马耳他急救中心35000名。数目庞大的志愿者队伍，有力地支持了德国的应急救援行动。

(3)德国专业化应急救援志愿者队伍呈现网格化分布，反应十分迅速。

无论是消防志愿者队伍、技术救援志愿者队伍，还是民间应急救援组织，都是以网格化的设置分布在德国的市、县、乡，能够有效保证在灾害发生时迅速到达现场。在德国，5万～10万人的城市和乡镇都设立志愿消防队，全德国大约有1485个志愿者消防站，成网格化分布于各社区。当接到救援指令后，志愿者消防队必须在10分钟内赶到灾害现场。技术救援协会总部设在波恩，下设8个邦级分部、66个区级分部、668个社区志愿者应急救援站。他们的技术装备实行标准化配备，反应迅速，能够在几分钟内到达灾害现场，实施救援。

第四章　现场应急救援技术

突发事件现场救援行动，主要有现场评估、信息沟通、现场协调、现场控制、医疗救护、搜索、营救、转移等八个方面的内容。应急志愿者平常需要加强学习和训练，熟悉应急救援方式方法、掌握各类救援技能、熟练操作应急救援设备，提供应急救援能力。应急志愿者开展救援活动时，必须树立“安全第一”的意识，需配备头盔、口罩、手套、靴子等个人防护装备。一切救援行动必须听从负责人的命令，遇到危险必须及时撤离，确认安全后才能展开救援。

第一节　现场救援主要内容

1. 现场评估

评估必须迅速，尽快判断突发事件的类型、原因和影响范围，确定事件发生的时间、位置，评估事件造成的伤亡损失和危害，以及其他相关信息。同时，评估现场是否面临其他危险（火、气、毒、水、地震、泥石流、爆炸等），并做好情况记录。

2. 信息沟通

把现场评估记录和现场收集的有关突发事件、受困人员的信息，向上级部门或其他专业救援机构通报，根据现场情况及时报警、发布预警或求助信息。

3. 现场协调

应急志愿者队伍要加强与现场专业救援队伍的协调，接受现场指挥部统一指挥。与其他救援组织或队伍(救援队、军队、武警部队等)建立联系，相互介绍各自情况，协商现场资源(道路、电力、照明、有线电话、网络、水源等)的共享或分配，主动配合军队和救援队工作，在救援的技术力量、救援工具、救援经验等方面，互通有无、优势互补。

4. 现场控制

快速、有序地疏散撤离并妥善安置群众和伤员。劝阻盲目救助，遇亲属的情绪过于激动失控时，可从现场人员中选出较有号召力的人担任志愿者，协助维护现场秩序。迅速控制危险源，标明危险区域，封锁危险场所，划定警戒区，及时采取断电、断气、断火等必要措施，防止有毒气体、放射性物质的扩散污染，以及火灾、爆炸等次生灾害的发生，尽可能地降低减少灾害事故所造成的危害。

5. 医疗救护

(1)急救顺序。先救命后治伤(或病)、先治重伤后治轻伤、先排险情后施救助、先易后难、先救活人后处置尸体。对生存希望不大的濒死者，应以具体情况而定，如当时医疗条件允许，也应全力抢救，但大批伤员出现时，绝不应将有限的医疗力量花费在已无生存希望的濒死者身上，而放弃经现场急救能存活的伤病员。

(2)对症处理和救命为主，充分发挥现场急救五大技术(通气、止血、包扎、固定和搬运)和其他急救技术，以保持伤员基本生命体征。

(3)迅速及时，力争早医、快送，创伤急救应强调“黄金1小时”。对大出血、严重创伤、窒息、严重中毒者等，争取在1小时内在医疗监护下直接送至附近医院手术室或高压氧舱。并强调在12小时内必须得到清创处理。

6. 搜索

通过现场询问、调查等方法，了解现场的基本情况，尔后采用人工搜索、搜救犬搜索、仪器搜索等方法，确认是否有生存人员及其准确位置。在人工搜索时，主要采取喊、敲、听的方法；在仪器搜索时，主要利用音频、视频和雷达生命探测仪等设备进行搜索；搜救犬搜索，通常是与以上两种访求手段配合使用。

7. 营救

当确认被困人员位置后，利用救援专用设备和救援器材，采取剪切、顶撑、凿破等方法，开辟通道，抵达被困人员所在位置，必要时可扩大施救空间，以保证救援人员的进入和装备器材的使用。针对不同的建筑物和构件，在进行破拆作业时，通常使用无齿锯、液压钳等；在进行顶撑作业时，通常使用气垫、扩张器、千斤顶、顶杆等；在对墙体、构件进行凿破作业时，通常使用凿岩机、手动凿破工具组等。

8. 转移(撤离)

转移指完成救援任务后离开原工作区到另一工作区工作。撤离指完成救援任务后离开灾害现场返回。转移(撤离)的依据(具备下述要件之一)如下。

(1)救援工作区内的被困人员和遇难者已经全部找到，其中被困人员已经救出并转移给现场医疗队，经过精细搜索，未发现有遇难者。救援队请求转移(撤离)。

(2)救援责任区内的被困人员和遇难者尚未全部找到，但接受现场指挥部命令转移至新的救援责任区，原责任区的搜索与营救任务移交给其他救援队或救援单位。救援队奉命转移(撤离)。

(3)搜索与营救行动已持续较长时间，尚有遇难者被压埋且生还的可能性很小，继续搜索收效甚微，现场指挥部已批准开始使用重型机械清理废墟。

第二节 搜索技术

搜索是救援工作最主要的内容，是保证救援工作成功的关键。搜索也是救援工作中最困难的部分，既需要丰富的实践经验和技巧，也需要现代化的高科技装备帮助进行定位。搜索定位是指在灾害现场，通过寻访、呼叫、仪器侦测或搜救犬，确定被困在自然空间或缝隙中的幸存者的位置。搜索定位是救援工作的重要组成部分，救援搜索人员应当明确搜索的目的、掌握如何给建筑物作标记、寻找幸存者并与之取得联系，以及确定幸存者位置的方法。比较好的搜索方法有：人工搜索、搜救犬搜索、仪器搜索。

1. 人工搜索

人工搜索要根据建筑物倒塌情况进行综合分析，可采取一个房间一个房间、一个空间一个空间地搜索，也可采用拉网式搜索，通过对幸存者家属或已救出幸存者的询问，对所有易于接近或就在表面的幸存者进行快速搜索，可直接救出的立即救出。对需移开瓦砾构件的要做好标记，并报告队长处理。人工搜索基本方法：直接搜索幸存者，呼叫搜索幸存者，倾听幸存者的回音，网格式详细搜索幸存者。人工搜索的主要局限是救援人员工作时，距潜在危险太近，并且无法进入建筑物的所有空间。在实施人工搜索之前，最好的办法是向对倒塌建筑知情的人员进行询问。人工搜索的程序是：组织救援人员在场点四周搜索，营救人员寻找表面可见的幸存者并通过喊话与他们取得联系，并将这些幸存者救出转移到安全地方。这种搜索方法的前提是幸存者能够听到呼叫，并能作出回应，当幸存者处于昏迷状态或严重受伤时，这种方法将不起作用。

2. 搜救犬

搜救犬是传统的专业搜索工具之一，是完成搜索工作非常有效的方法，有条件的城市社区地震应急救援队可考虑尝试培养自己的搜救犬。搜救犬工作程序一般包括：确定搜索范围、初期表面搜索、进一步细致搜索三部分。在重型破拆装备到达并移出瓦砾之前，搜救犬可以用于废墟的搜索，以确定幸存者或遇难者的位置并将其救出或移出。搜救犬的优点有：能在短时间内进行大面积搜索，适合于危险环境，犬的体型和重量更适合于狭小空间的搜索；有些搜救犬具有区分幸存者和遇难者的能力，可节省时间，搜救犬可以与热红外线和光学等搜索仪器配合使用。搜救犬的缺点：工作时间比较短，至少需要 2 条搜救犬对搜索区进行相互验证；搜救的效果取决于训导员和搜救犬的能力，当受到气温、风力等情况影响时，搜救犬的工作能力降低。

3. 仪器搜索

仪器搜索需要特殊的设备和受过训练的操作人员。仪器搜索使用的装备有多种类型，应当将多种设备结合起来使用，以提高搜索的效能。搜索仪器通常与定位仪器联合使用，以取得比较好的效果，主要的搜索和定位设备有光纤或其他小型摄像机，这种仪器可以通过狭小的空隙或由营救人员打出的小洞，置入营救人员难以达到的地方，以确定幸存者的位置。红外热成像设备在给倒塌建筑内幸存者定位方面能起到一定的作用，但热感应设备不能区分是幸存者还是其他发热物体，因此要通过其他搜索设备进一步判断。当然，没有一种方法和设备是万能的，最好的搜索是综合运用所有可利用的搜索手段。

第三节　营救技术

在搜索队员完成对被压埋幸存者的搜索与定位后，现场营救队将运用一系列安全、有效的技术方法和必要的装备将幸存者安全地解救出来。在救援行动中，营救工作是救援队所有工作中最艰苦、危险性最高、技术难度最大的一项工作，因此，熟悉一定的营救技术对应急志愿者来说至关重要。

1. 支撑技术

在进行搜索和救援工作时，为了减小受害者和救援队员的危险，要对那些局部受到破坏或倒塌的结构做临时的支撑。支撑技术就是把一些原木或支柱竖起来以加固门窗、墙或楼板，其目的是防止已遭破坏的、不稳定的建筑物进一步倒塌，避免危及救援人员的安全。救援支撑是一个临时的措施，为暴露在结构坍塌危险中的救援人员提供一定程度的安全保障。支撑方法可以用于倒塌建筑外部，也可以在其内部，其中常用的支持型式有：垂直支撑、门窗支撑、斜撑(俗称“牛腿”)、悬空斜撑、多支柱斜撑、分离支柱斜撑、斜对角支撑、横向撑、T 型支撑、三维空间支撑、水平支撑、墙角支撑、临时支撑等。

2. 破拆技术

是指对创建营救通道过程中遇到的不能移动的建筑废墟构件，或压在幸存者身体上的构件进行安全有效的切割、钻凿、扩张、剪断等方法。破拆的对象通常为倒塌废墟中的墙体、楼板、门窗等，其主要材料包括木材、金属、砖、混凝土等。破拆操作类型：根据破拆对象材质的不同，破拆操作可分为金属、木材、混凝土或砖墙、钢盘加固混凝土破拆四种类型。破拆操作的注意事项：为正确选择破拆工具，必须对该工具的性能和局限性有详细的了解，同时必须在这些工具的实际性能的允许范围内使用；当切穿墙壁或者地板时，要时刻注意避免对被救者造成二次伤害；破拆操作前，必须仔细观察破拆对象的状况，并预估可能产生的后果或其他意外情况；破拆操作过程中，操作人员和监控人员均应时刻注意可疑的声响或构件掉落情况，要避免对废墟承重结构的破拆，否则极易破坏残存结构的整体性和稳定性。

3. 顶撑技术

是指对创建营救通道过程中遇到的可移动(或部分移动)的强度高但重量大(或上覆物较多)的废墟构件,需要对其采取垂直、水平或其他方向的顶升与扩张方法。同破拆技术一样,顶撑操作也是以创建通道口、消除营救通道阻碍物救出幸存者为目的。顶撑设备可分为液压顶撑设备和气动顶撑设备两类。顶撑的对象包括倒塌的混凝土墙体、柱、梁和层叠状的楼板等。地震废墟场地的顶撑操作有两种:单支点顶撑和多支点顶撑。顶升操作程序:评估被顶撑物的组成结构及稳定性,进行顶撑计算分析;根据任务需求,确定顶撑类型、顶撑方法和顶撑设备;选定顶撑支点位置,确定顶撑操作的步骤;准备顶撑设备;将顶撑工具放入顶撑支点,如空间太小,应利用开缝器进行扩展;按设计的操作步骤实施顶撑操作,并监控安全状况;达到顶撑目标位置后,利用木材或垫块等在顶撑点处对被顶撑物进行支撑;缓慢取出顶撑设备。

4. 瓦砾移出技术

是指在创建通道过程中移开体积较大的障碍物和清除废墟瓦砾的方法。当移动被压埋人员周围的瓦砾时,需要一定的方法技巧,并且是一个逐步的过程,应遵循以下原则:确定建筑物的倒塌方式和评估废墟的稳定状况;移除一个废墟构件前须估算其重量,评估其移开的后果并设计移除方法;首先移走小的碎块,后移走那些大块,不能移动那些被压住的或者楔入的碎块;移动被压住的碎块,必须先建立支撑;避免移动承重墙体结构;不要移动那些影响废墟或者瓦砾堆稳定性的构件,当有疑问时,应与结构工程师进行讨论。移动瓦砾的方法主要有四种:提升并稳固重物、滚动重物、牵拉拖曳重物、利用重型起吊与挖掘设备。

第四节　绳结技术

在搜救行动中，无论何时或何种环境，绳索救援都可以在人力、物力受限的条件下，快速建立救援系统，成功达到救援目的。因此，正确地制作合适的绳结对营救受害者是至关重要的。另外，平常还要注意绳索和器材的维护和保养：使用专用绳包存放绳索，保护绳子免受化学物质或脏物的侵蚀和损害；严禁在地面上拖拉绳索，踩踏绳索；如果绳子脏，清洗时使用中性的洗涤剂；不要放在太阳下暴晒；负重绳索严禁锋利边角刮割绳索，有可能导致绳索发生断裂，必须使用边缘保护措施；严禁使用不可知力和机械力拉伸绳索，可能导致绳索性能受损。

每位优秀的应急救援志愿者都必须掌握多种打结方法，特别是下面介绍的最常用的一些绳结打结方法。

1. 单结

单结是最简单的结，当绳子穿过滑轮成洞穴时，单结可发挥绳栓的作用，在拉握绳子时，单结可以用来防止滑动，当绳端绽线时，单结可以暂时地防止其继续脱线，见图 4-1。单结的缺点是，当结打太紧或弄湿时就很难解开。以这个结作为基本，还可以变化成结形较大的多重单结、圈套结之一的活索、将绳与绳连接的固定单结、作成一个固定圆圈的环结，以及在一条绳子上连续打好几个单结的连续单结等。

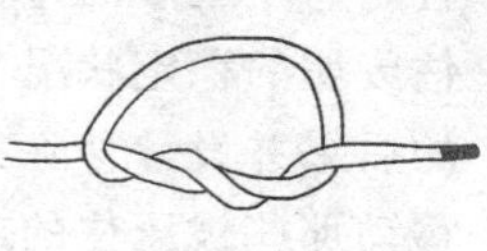

图 4-1　单结

2. 多重单结

打单结时增加缠绕次数（2～4 次），打成较大的结形，见图 4-2。为了不让结打乱，须“边打结边整理”。这种结用在绳子的手握处，

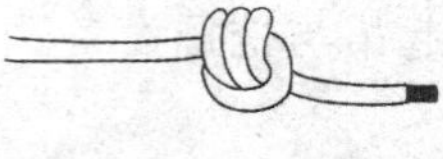

图 4-2　多重单结

或用于绳子要抛向远处时加重其力量的情况。

3. 活索

它是一种简单的圈套结，见图 4-3。拉紧绳子的前端即可做成一个圆圈，圆圈中间没有任何东西，一拉绳子即可将结解开。

4. 双重单结

双重单结是可以做成一个圆圈的结，是避免所用绳子局部损坏的重要法宝。它的结法很简单，将绳子对折后打一个单结即可，见图 4-4。这个时候如果绳环部分损坏的话，仍可安心使用绳子。

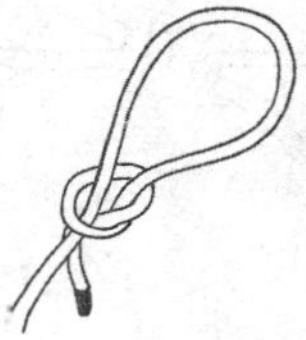

图 4-3　活索

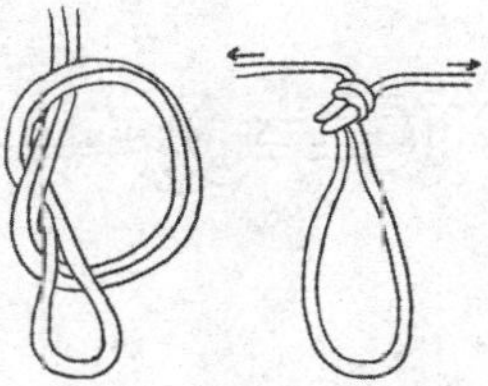

图 4-4　双重单结

5. 渔人结

渔人结是用于连接细绳或线的结，两条绳子各自打上一个单结，然后将其连接起来，见图 4-5。该结打法简单，但是强度不高，不太适用于太粗的绳子或是容易滑动的纤线等绳子，很容易解开。打法如下。

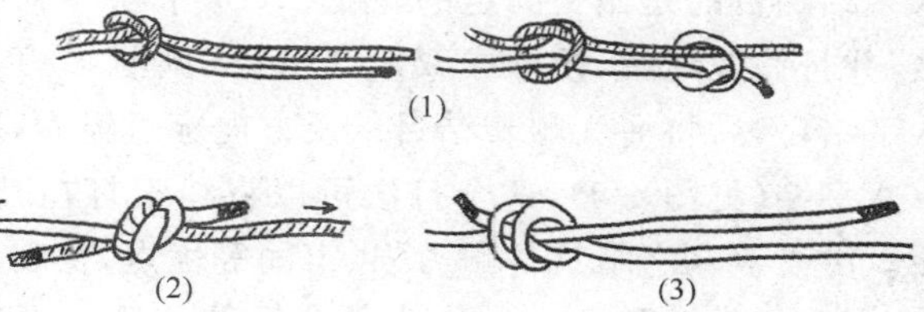

图 4-5　渔人结

(1)将两条绳子的前端交互并列,其中一条绳子卷住另一条绳子,再打一个单结。

(2)另一边也同样打上一个结。

(3)将两条绳端用力向两边拉紧。

双渔人结是多一次缠绕后打成的结(见图 4-6),可以增加其强度。这个结用于联结两条绳索等情况,缺点是结形大,打法如下。

(1)将渔人结的卷绕次数多增加一次后打结。

(2)另一边也同样打结。

(3)将两条绳端用力向两边拉紧。

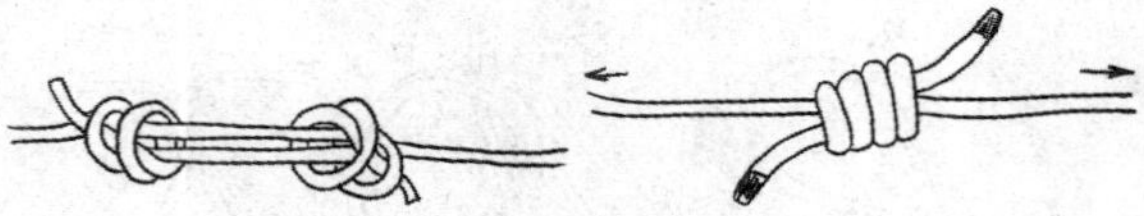

图 4-6 双渔人结

6. 八字结

八字结的结比单结大,适合作为固定收束或拉绳索的把手。八字结的打法十分简单,它的特征在于即使两端拉得很紧,依然可以轻松解开。一般最常使用的打法见图 4-7,将绳端先行交叉,一头的绳索绕过主绳,绳头穿过绳圈后拉紧完成。

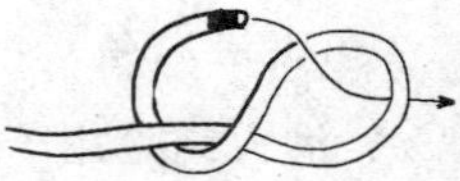

图 4-7 八字结

双八字结的目的是做个固定的绳圈。只要将绳索对折后直接打个八字结,并且做成绳圈,便形成双重八字结(见图 4-8)。在绳索中部打个八字结,然后将绳头顺着结目从反方向穿过绳圈,同样也可以完成双重八字结(见图 4-9),这个打法可以将绳索打在其他物品上,十分方便。由于双八字结具备耐力强、牢固等优点,在安全方面非常值得信赖,因此经常被登山人士作为救命绳结使用。不过双八字结的绳圈大小很难调整,而且当负荷过重,结目被拉得很紧,或是绳索沾到水的时候,想要解开绳结必须花费一番工夫。

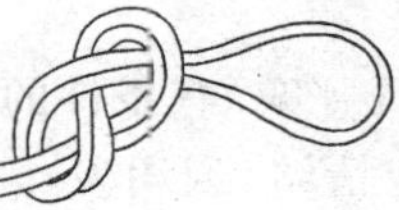

图 4-8 双八字结打法一

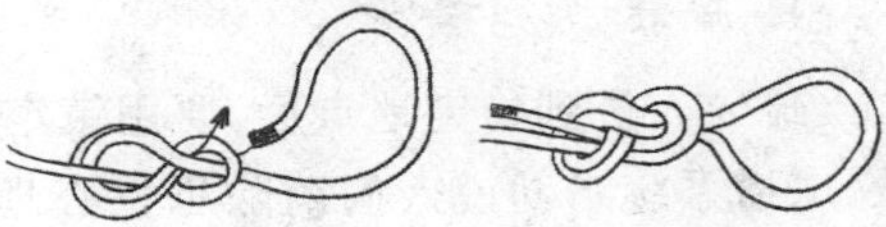

图 4-9 双八字结打法二

7. 接绳结

接绳结(见图 4-10)用于连接两条绳索时,可适用于质材粗细不同的绳索,安全可靠。当两条绳索粗细不一时,打结的时候先固定粗绳,再与细绳相连。打法如下。

①将一条绳索(粗绳)的末端对折,然后把另一条绳索(细绳)从对折绳圈的下方穿过。

②把穿过的绳头绕过对折的绳索一圈打结。

③握住两端绳头拉紧结目。

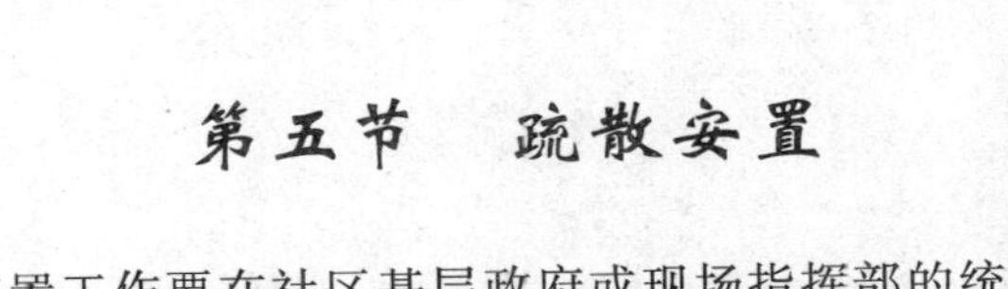

图 4-10 接绳结

第五节 疏散安置

疏散安置工作要在社区基层政府或现场指挥部的统一领导下进行,主要是协助政府准备食品、水、通信和其他避难需要的资源,协作疏散安置群众,发放物资,调查统计灾情工作。选择灾民疏散场地和临时避难场所要注意尽量选在交通便利,视野开阔,地势平坦的地区以及体育场、学校操场等。并设置伤员急救中心,尽量备好床位、医疗器械、照明设备、药品等。

1. 疏散

疏导人员到指定地点后，要用镇定的语气呼喊（有条件的使用喇叭、广播系统），劝说人们消除恐惧心理、稳定情绪，说明发生事故的部位及情况、需疏散人员的区域，指明比较安全的区域、方向和标志，指示疏散的路线和方向，使大家能够积极配合，按指定路线有条不紊地进行疏散，防止出现拥挤、踩踏、摔倒的事故发生。对已被困人员要告知他们救生器材的使用方法，以及自制救生器材的方法。加强脱险人员的管理，防止脱险人员因为对财产和未撤离危险区的亲人生命担心而重新返回事故现场。救援队伍到达事故现场后，疏导人员要迅速报告被困人员的方位、数量以及救人的路线。

2. 安置

设置联络管理点、问讯处，做好避难所的人口普查、进出记录，做好安置点的秩序维护和保安工作。在紧急事件发生时，原则上不允许居民随意进出。按人数和需要发放水、食品、棉被等物品。避难场所现场由于人员众多，秩序混乱，条件简陋，往往卫生条件差，要特别注意对食物的清洗和消毒，防止食物中毒、腹泻等现象的发生。做好卫生保洁、蚊虫防治、通风换气、废物收集等工作。安置点严禁吸烟、携带武器，禁止骚乱和任何破坏行为。

第五章　应急志愿者的心理危机干预技术

近年来,世界上各种灾害事故频发。地震、海啸、台风、矿难、泥石流、车祸等灾害,除了造成大量的人员生命财产损失外,对幸存者、救援者甚至旁观者都造成了不同程度的心理创伤。一般而言,灾后应急危机干预应包括两个内容:一为物质的紧急救助,二为心理危机干预。个体的物质损失总能在一段时间后得到恢复,但是心理上的创伤如果不及时干预,那就会伴随个体一生。

有研究表明,约70%的当事人可以在没有专业人员帮助的情况下自行愈合其心理创伤,但另外30%左右的当事人则或多或少会由此而产生各种程度的心理问题,表现为焦虑、抑郁、创伤后应激障碍、躯体形式障碍、进食障碍、睡眠障碍、酒依赖、药物依赖等。对于未成年人,由于对灾难事件无法进行完整的言语表达,也没有机会给予表达,形成的心理创伤可能更严重些,更需要我们进行心理干预。

应急志愿者如果能够在现场就开展一些心理危机干预的工作,对灾民的情绪稳定,灾区的现场救助效率和伤者的后期生存质量都有很重要的意义,本章将介绍一些灾区现场心理应急处置的基本技术。

第一节　应急心理危机干预概述

1. 应急心理危机干预的基本概念

应急心理危机干预又称心理急救,是由受过专门训练的心理危机干预工作者引导、帮助各种遭受危机影响的幸存者、救援者和他们的家庭克服灾难和恐怖主义(引起的心理恐慌)的标准手段。换句话来说,心理急救是设计用来减轻灾难事件所带来的痛苦而增强短期和长期功能性适应能力的方法。虽然目前心理急救的理论主要来源于生活经验的总结,但是其中大部分在研究中已得到证实。专家们一致认为,这些理论是灾难生还者克服灾后痛苦和逆境的有效手段,而且也为其他生还者是否需要更多的心理干预的进一步诊断提供了依据。

应急心理危机干预的理论认为灾难事件的生还者并没有严重的心智健康发育和恢复的障碍,而是基于对灾难幸存者的早期心理反应,这些早期心理反应可以发生在生理、心理、行为和意识层面上,它会导致功能性的适应障碍。有了心理急救人员的同情和关爱,这些早期心理反应可以有效地控制。

2. 应急心理危机干预的提供者和适用对象

应急心理危机干预是灾害反应的组织性行为的一部分,它由灾害急救的心理工作人员提供给受灾害影响的小孩、家庭和成人。这些工作人员可以来自不同集体,比如急救反应队、武警、消防、军队、紧急医疗人员、学校危机应急队、宗教性团体、社区紧急反应队、民兵预备役和其余的灾害援助机构等。

应急心理危机干预适用于经历了灾难和恐怖主义事件的小孩、青年、父母、受体的监护人、成年人以及家庭,同时,也适用于为受害者提供救援或心理咨询的工作人员。

3. 应急心理危机干预的时间和地点

应急心理危机干预是一种在灾害和恐怖主义事件发生后马上使用于受害者的支持性措施。一般需要立即实施或尽快实施,灾后 24 小时到一周是实施危机干预的关键时期。

应急心理危机干预可以在不同场合下运用,这些场合包括:公共避难所、特殊避难所、野战医院和医疗站、急性医疗设施(例如急诊室)、为紧急回应队和其他援助人员开设的休息中心、紧急指挥中心、灾后电话站、灾后食物站、灾害援助中心、家庭接待和帮助中心、家里、商行和其他社区机构。

4. 应急心理危机干预的优点

(1)应急心理危机干预阐明了信息搜集的技巧,这些技巧可以让救护人员快速衡量生存者的顾虑和需求,作为进一步保障灵活措施的依据。

(2)应急心理危机干预的决策是经过户外生存检验和事实验证的,适用于一系列的灾害性场合。

(3)应急心理危机干预强调身心发育和文化发展的多样性,所以适合各种年龄层次和背景的人。

(4)应急心理危机干预提供康复手册,从而为青少年、成人和家庭克服困难提供了指引。

5. 应急心理危机干预的基本目标

(1)建立互不侵犯的人与人之间的互爱关系。

(2)快速加强安全感,提供体质和情绪安慰。

(3)安定和引导情绪复杂和困惑的生存者。

(4)帮助生还者阐明特别的需求和顾虑,加强信息沟通。

(5)提供信息和实践帮助,解决生还者的燃眉之急。

(6)建立灾后社会联系网络,包括生还者的家庭成员、朋友、邻居、社区等扶助资源。

(7)协助生还者身心康复,并且让他们在恢复的过程中起到自主的引导作用。

(8)提供信息,帮助生还者有效克服心理障碍。

(9)明确每一个人的职责,当需要的时候把生还者转移到其他灾害响应小组和当地康复机构、心理健康服务机构等。

6. 应急心理危机干预的特点

(1)与相关科学研究结论一致性。应急心理危机干预依据的是心理科学的基本理论和研究结果,各种方法和技术已经是被心理学理论和实践活动证明是切实有效的。

(2)在实地场合的实用性。应急心理危机干预是在灾害现场特定的时间和空间条件下进行的,不管是具体环境条件、人员状况、咨询时间、干预人数等都与通常的心理咨询和服务有较大区别,需要有适合特定灾害现场的干预措施。

(3)根据年龄和发育设计的合理性。应急心理危机干预时,要抓住主要的干预对象,比如孩子、妇女等,他们的承受能力相对较低,如果不及时干预可能会导致严重的后期问题。而且,不同年龄的人在灾害中的体验和反应是不同的,因此根据年龄来选择危机干预的对象是必要的。

(4)按照文化背景诠释的灵活性。危机干预需要考虑的一个重要问题就是对象的文化背景,比如语言、信仰、风俗习惯等。如“5·12”大地震的时候心理危机干预工作者从灾难发生到发生后一年都进行了长期、有效的工作,但是在玉树地震时,由于语言、文化的差异巨大,心理危机干预的效果就受到了较大的影响。

7. 应急心理危机干预的职业行为约束

(1)只在授权的灾害回应机构实施服务。

(2)提供标准的健康性反馈,镇静、大方、有序和实效。

(3)被人所知,需要的时候一定在场,适当地保密信息。

(4)不超越权限。

(5)满足生还者的要求,在需要的时候向其他领域的专家请教。

(6)有足够的知识,能意识到因文化理解所带来的差异。

(7)留意自身的情绪和身体反应,练习自我保护。

8. 提供心理急救的要点

(1)礼貌地观察,不能唐突直入,通过询问简单的、体面的问题决定下一步的解决方案。

(2)很多时候,建立接触的最好方法是提供实际帮助,如食物、水和毯子等。

(3)接触前必须明确你的介入不会引起生还者感觉受到侵犯。

(4)做好两手准备:一是生还者可能会拒绝接触你,二是会过多地接触你。

(5)说话时镇定自若,本着耐心、负责和灵敏的态度。

(6)语速放慢,用简单易懂的词汇,不要使用缩略语或术语。

(7)如幸存者愿意交谈,做好准备聆听。聆听时请专注于他/她想说的内容,以及你能如何提供帮助。

(8)认可幸存者求生过程中做得对的安全措施。

(9)针对幸存者最迫切的需求和目标提供直接的信息,如需要可重复讲解说明。

(10)提供准确的适合幸存者年龄段接受水平的信息。

(11)如需要通过翻译交谈,请看着谈话的对象交谈,切忌对着翻译交谈。

(12)心理救助的目标是减轻情感伤痛,提供帮助,促进适应行为的开始,而不是询问悲惨经历的细节与其中的损伤。

9. 应急心理危机干预的注意事项

(1)不要去设想幸存者曾经和正在经历的一切。

(2)不要假设每个经历灾难的人都会受到精神创伤。

(3)不要进行病理判断。幸存者在经历了灾难之后,很多激烈的反应都是可以理解、预料的。

(4)不要将他们的反应归为“症状”,或者用“诊断”“病情”“病态”“障碍”之类的语言来描述。

(5)不要用俯就的态度来跟幸存者交谈,或专注于他们的无助、虚弱、过失甚至残疾。尽量专注于他们灾难中和灾后帮助他人的举动。

(6)不要假设每一个幸存者都愿意交谈或需要与你交谈。通常以安静辅助的态度陪伴在幸存者的周围能给他们以安全感,帮助他们应对。

(7)不要询问灾难过程的细节。

(8)不要猜测甚至提供不准确的信息,如果你无法准确回答幸存者的问题,应尽力去了解事实。

第二节　应急心理危机干预原则

1. 面对少年儿童的应急心理危机干预

儿童在灾害面前的应对能力更差,缺乏足够的自救能力和心理危机的抵抗力,他们的心理危机一般表现得较重,持续时间也更长。有些儿童在灾害后成为孤儿,没有亲人的保护使得他们更容易暴露在各种不良心理刺激之下。有些儿童在灾害中受伤甚至致残,躯体和心理均遭到了严重的损害,需要有人尽可能地帮助他们度过危机。还有些孩子受到身边环境的不良影响,出现各种恐惧、焦虑和抑郁的情绪,然而儿童不太善于用语言表达自己情绪,因此他们的反应往往以行为障碍,比如哭闹、发脾气、攻击、退缩、异常的行为等为主。但是,上述问题如果能得到及时有效的干预,他们恢复的效果往往也较好。

对儿童进行心理危机干预时的注意事项如下。

(1)对于年幼儿童,坐下来或者蹲着,和孩子的眼睛齐高。

幼儿是最需要关爱的,所以,急救人员应当坐下或者蹲下,以使孩子的视线与自己平齐而不是仰视,避免给孩子带来额外的压力,必要的时候,可以把孩子抱起来或让他们坐在急救人员的腿上,成人对他们的拥抱和安抚可以有效地帮助他们恢复情绪。

(2)帮助学龄儿童让他们讲出自己的感受、顾虑和困惑。

提供简单的代表简单情感反应的标签，比如，异常激动、伤心、惊恐、担忧等，不要使用极端的言语如“恐惧的”或者“惊骇的”，因为这样可能会增加他们的焦虑。

(3)仔细聆听并向儿童确认，确保你理解他(她)。

孩子的言语表达能力尚未完全发展，在遭受严重的灾害刺激后，他们对自己的情绪表达可能更为不准，有些孩子只能用简单的词来表达自己的情绪，甚至有些孩子根本无法表达而一直在哭泣，这时就需要应急志愿者能够有充分的耐心，仔细、认真地听取孩子的表述，并可以向他们验证自己的看法，以确保自己理解了孩子的表达。

(4)让你的语言贴近儿童的发展水平。

越是年幼的儿童一般说来越难以明白诸如“死亡”之类的抽象概念，尽量使用直接、简单的语言，比如“妈妈去一个很远很远的地方了”。

(5)用“成年人对成年人”的方式和青少年交谈。

青少年已经有了一定的社会阅历和心理承受能力，他们能够理解灾难出现的状况和后果，如果我们可以用“成年人对成年人”这样的方式与他们对话，就可以释放出信息表达尊重他们的感受、顾虑和困惑，同时，唤起他们对自己、对家庭、对亲人、对朋友的责任感，可以更好地帮助他们度过困境。

(6)把这些技巧传授给孩子的家长或者监护人。

很多孩子还是有父母、亲人或者朋友来照顾的，但是，在这种情境下，他们未必能够对孩子提供正确的帮助，我们需要把这些技巧和知识传授给他们，帮助他们给小孩提供合适的情感支持。

2. 面对老年人的应急心理危机干预

老年人既有力量但也脆弱。很多老年人在其人生旅途中积累了有效的应对不幸事件的能力。我们需要做的是唤起、鼓励他们应对困难的能力，更好地照顾自己和他人。

对老年人进行心理危机干预时的注意事项如下。

(1)对于那些听力有障碍的老年人，说话要清晰但是音调要低。

老年人听力经常有问题，这会大大影响心理危机干预的效果。对于有听力障碍的老年人，要求危机干预人员一是要耐心，说话要慢、清晰，如果老年人没听清，可以多说几遍，如果老年人认得字，可以用纸笔沟通；二是注意一些沟通的技巧，比如跟老人说话前先拍拍他的肩膀，引起他注意，说话的时候放慢语速，同时配合动作，让他能够根据你的手势和嘴唇的动作尽量了解你的意思。

(2)判断老年人的问题时应当谨慎。不要根据外貌或者年龄，就假定一个思维混乱的老者在记忆、推理和判断上有不可逆转的问题。表面上的混乱可能是这几个原因造成的：灾难发生后周围环境的改变造成方位感迷失；缺乏营养或者脱水；缺乏睡眠；视力或者听力障碍；生病中或者有医疗困难；社交上自闭；还有无助感或者脆弱感。

(3)识别老年精神障碍者。部分老年人可能因为脑萎缩、曾患有脑血管疾病、精神病等而本身就有精神障碍，这些老年人在陌生环境里也许会更烦躁、混乱。如果能识别这样的人，应该安排专业心理咨询或者精神科医生来帮助他们。

3. 面对残疾幸存者的应急心理危机干预

在严重灾害事件中，很多幸存者都有各种生理损害，尤其以外伤为主，部分人可能永久地失去了某些机体的功能，他们遭受着生理和心理的双重打击，对自己的未来也充满了困惑和恐惧，对他们的心理危机干预要非常重视和慎重。

对残疾幸存者进行心理危机干预时的注意事项如下。

(1)尽量找一个噪声小、干扰小的地方提供帮助。

除非中枢神经受损，一般情况下残疾幸存者的认知、理解能力都完整，他们也会不断接受周围环境的刺激。而野外医院或临时安置点嘈杂的环境对他们的影响很大，使他们很难集中注意力与心理危机干预者进行交流，如果可能的话，尽量找一个干扰较少的环境和时间跟他们进行沟通。但是应该注意不要将受助人和他/她的协助器具（药品、氧气罩、呼吸器、轮椅等）分开，以避免给他/她带来心理上的恐惧感。

（2）尽量与本人直接沟通。

心理问题的干预强调最好与需要帮助者本人沟通，如果通过别人传递信息，则非常容易出现错误，再加上照顾者本身对心理问题的理解能力和看法都可能影响他们对心理危机干预者所说内容的反应，为了避免不必要的误解，最好与其本人直接进行沟通。除非直接交流有困难，可以跟他的照顾者强调注意问题，以及你自己的联系方法，以便需要时能找到你。

（3）注意幸存者可能会有各种影响交流的问题。

如发现幸存者有交流障碍（例如听力、记忆力、语言能力方面的损伤），请放慢语速，并注意使用简单词汇进行交流，如需要，可通过纸、笔和受助者进行书面上的沟通，这时以了解情况为主，可以等他情况允许了再对他进行干预。

（4）不要忽视求助者的问题。

如果幸存者声称自己有某方面的残疾和障碍，请务必相信他，即便他/她所声称的障碍在你看来并不明显。否则求助者会觉得你不关心他/她，不能理解他/她的痛苦，从而失去对救助者的信任，使得心理危机干预无法进行。

（5）如果可能的话，尽量帮助受助人员实现自理。

心理应急人员的工作不是替受助者生活，不能代替他/她完成一切工作，而是应该尽量促进他/她生活的自理，这一方面可以节约应急工作时紧缺的资源，另一方面，生活的自理可以帮助他们重建生活的信心和愿望，更好地度过危机。

第三节　心理危机干预的内容

心理危机干预的主要内容是提供关于应激反应和应对的信息，以减少不适并促进适应性功能运转。

灾难会让幸存者处于一种失去控制感的危险之中，他们觉得自己完全没有能力处理他们所面临的问题。让他们建立自信，并且感觉到自己能够应对灾难相关的应激和不幸，这对恢复有益。多种形式的信息能帮助幸存者处理应激反应并更加有效应对问题。这样的信息包括：①关于未来的事件，目前所知的有什么；②正在做些什么援助他们；③在什么地方、什么时候、什么服务可用；④灾难后的反应以及如何处理它们；⑤自身保健、家庭保健和应对。

1. 提供关于应激反应的基本信息

如果适当的话，简要讨论幸存者所体验到的一般应激反应。应激反应可能吓人。一些人会被他们自身反应吓到或感到惊恐；一些人可能会用消极方式看待他们的反应(例如，“我有什么样的毛病”或者“我很脆弱”)。你应当注意避免病理性幸存者反应；不要使用像“症状”或“障碍”之类的术语。你也可能发现积极的反应，包括欣赏生活、家庭和朋友，或精神信仰与社会联结的强化。

需要注意的是：让求助者意识到强烈的反应很普遍且常会随时间推移而减少，这可能会有帮助，但不能做出“应激反应一定会消失”这样的保证，因为这可能产生对恢复所需时间的非现实性期待。一旦恢复较为缓慢或者出现反复，就会让求助者立即失去信心。

2. 讨论危机后常见的心理反应、各种经历和损失等

对那些遭受重大创伤或丧失事件的幸存者，心理危机干预者应提供关于一般不适反应的基本心理教育。可以帮助他们回顾这些反应，强调这些反应可以理解，也可以预料到。告诉幸存者，假如这些

反应持续干扰他们的生活能力超过一个月以上，就需要考虑专业心理咨询师的援助。

(1)创伤后应激反应

创伤后应激反应是幸存者遭受创伤事件后出现的一系列生理、心理和行为的异常反应，有三种类型的创伤后应激反应。

①侵入性反应。创伤体验返回脑中。这些反应包括令人苦恼的对事件的想法或精神意念，或关于已发生事件的梦。侵入性反应也包括对引起回忆体验的事物所产生的不安情绪或躯体反应。一些人会感觉和表现得似乎他们最糟糕的某些体验正又一次全方位发生，这被称为“闪回”。

②回避和退缩反应。是人们用于保持远离侵入性反应，或针对侵入性反应作出保护的方式。这些反应包括：尽量回避交谈或思考那些关于创伤事件的感受，回避可引起事件回想的任何事物，包括物品、地点以及同所发生事件相联系的人。情绪可以变得受限，甚至麻木，以对不适作出保护。脱离和疏远他人的感受可引起社会退缩，可能会丧失对原来生活中某些感兴趣事件的兴趣。

③躯体唤起反应。是一类“仿佛危险仍旧存在”的躯体反应。这些反应包括持续警惕以防危险、容易受惊吓或惊跳、易被激怒、入睡困难或睡得很浅、难于集中注意力等。

(2)讨论各种提醒物的作用

也可以通过讨论创伤提醒物，丧失提醒物，变化提醒物以及所遭受的苦难来促进受助者适应现在的各种不适感。

(3)其他类型的应激反应

其他反应种类包括哀伤反应、创伤性哀伤、抑郁和躯体反应。

3. 与儿童讨论身体和情绪上的反应

儿童认知突发事件与情绪的关联的能力因人而异。给他们一些最基本的解释，说明灾难经历会引起身体与情绪上的不安反应，能使许多孩子从中受益。但是此时要注意以下方面。

(1)不要直接让孩子描述他们的情绪，如描述他们的悲伤、恐惧、疑惑或者愤怒。孩子们会因为寻找合适的词汇费尽周折。应该问问他们身体上的反应,例如,你觉得身体里面是什么感觉?是不是在你的肚子里像有只小兔子,或是一直觉得肚子紧缩着?

(2)如果孩子能够谈论情感上的反应,则帮助他们区分出哪一种,比如问问他现在是觉得悲伤,或是害怕,或者现在的感觉还好。不要问一些泛泛的开放性问题,比如说你觉得怎么样。

应急志愿者需要意识到,在灾难发生后,儿童的反应与成年人可能有所不同。当某些灾难事情发生时,孩子常常会以为好玩、奇怪或者不安,使他们心跳加速、手心出汗、肚子痛或者觉得手脚发软、颤抖。有些时候,孩子的意识里只是觉得好玩,仿佛自己置身于外,好像是在看着别人遭受灾难。有些时候灾难过后、自身安全的情况下,这些身体上的反应还会保持一段时间。

应急志愿者可以用这些方式来提问:你有没有上述这些身体反应?或者是其他我没有提到的感觉?你能告诉我你身体的哪个地方觉得不舒服,这种感觉是怎么样的?当孩子看到、听到或闻到什么东西让他们想起曾经发生的灾难,这些怪异、不舒服的感觉就会表现出来。例如强风、玻璃破碎、烟味等等。这些身体内的反应会令孩子们十分恐惧,尤其是他们不知道这些事情为何发生、该做些什么的时候。这时可以说“如果你愿意,我想告诉你怎么样让自己好受一些。想不想听听?”

4. 提供减轻灾后心理应激反应的方法

应急志愿者可以告诉受助者采用多种积极的方法来减轻焦虑、压抑,改善状况,渡过难关。这些积极的方法包括:与他人交谈,寻求帮助;获知需要的信息;获得充足的休息、营养和锻炼;投入分散精力的活动,如运动、业余爱好、阅读;尽最大可能保持正常的作息时间;告诉自己在一段时间内的不安情绪是正常的;计划令人愉悦的活动;吃健康食物;休假;和他人共处;参加社会援助团体;各种放松方式;安抚宽慰自己的自我对话;适度运动;寻求专业咨询;记日记;专注于某件能令你立即行动的实事；采用任何一种以前的经验中有效的急救方式等。

但是，也有一些消极方法并不能有效解决相应问题，包括：滥用酒精或药物；回避公众活动；回避家人和朋友；超时工作；暴怒；过度自责或是责怪别人；暴饮暴食或者厌食；长时间看电视或玩电子游戏；做一些危险的举动；放任自流，如睡觉、饮食、运动方面。

讨论积极和消极的急救方式的目的是：帮助幸存者采用各种有效的救助方式；识别与认知他们自身的救助力量；认识不正确的方式带来的后果；鼓励幸存者选择目标明确的救助方式；通过救助和调整，建立自我控制的能力。

应急志愿者可以在纸条上写下他们目前正在采用的方法来帮助受助者识别积极与消极的应急方法，然后再来讨论处理策略。

5. 讲授简单的放松技巧

呼吸练习可以帮助减轻情绪的高度易感和身体上的紧张。如果经常练习，可以改善睡眠、饮食和身体功能。简单的呼吸练习非常容易教学，最佳时机是幸存者能够平静下来、集中注意力的时候。家庭成员互相督促，有规律地练习也是十分有益的。

比如，教授呼吸练习，你可以说：

“请用鼻子慢慢地吸气，一，二，三，每次都舒适自如地让空气充满你的肺部并且到达你的腹部。然后，轻轻地温柔地对自己说：‘我的身体非常平静。’慢慢地用嘴呼气，一，二，三，每次都舒适自如地把你的肺部和你腹部的气完全呼出去，‘我的身体正在释放张力’。慢慢地重复五次。

“接下来，我们用嘴往外呼气。呼气的时候，胃像这样收回来（自己示范）。可以假想自己像一个气球，先用空气把这个气球充满，再把气放出来，轻轻地，慢慢地。好，让我们来真的做一次。当我数到三的时候，慢慢地吸气。呼气的时候，我也会数到三。我们再做一次。做得不错!”

如果你发现幸存者以前学过一些放松技术，比如瑜伽、气功等，试着补充和加强他已学过的技术而不是教新的技能。

6. 重建家庭生活

灾后在尽可能大的范围内重建家庭生活规律对于家庭复健来说非常重要。鼓励父母和监护人试着保持家庭生活规律如吃饭时间、睡觉时间、起床时间、阅读时间、娱乐时间以及与家庭成员共同活动时间等这些尤为重要。

心理急救工作者应该鼓励家庭成员要谅解、耐心，容忍各自反应的差异，谈论是什么事情困扰着自己，以便其他家庭成员知道什么时候支持你、怎么支持你。家庭成员可以用多种方法互相帮助，比如倾听和试着谅解其他成员、拥抱抚慰、做些体贴的事情像写个便条或者让对方用玩游戏的方式分散注意力等。家长更要特别关注孩子是怎么被暗示和困苦所困扰的，因为这会强烈地影响到他们有什么样的反应和行为。例如，一个孩子看起来像是发脾气，其实他是被一个朋友受伤或死亡的事情影响了。

灾害让成年人面临危险或丧失，而青少年则可能发现他们的双亲或监护人对他们的安全更加焦虑，因而会对青少年的行为做更多限制。你要提醒青少年这些“严格”是正常的，通常也是一时的。这些将帮助青少年在家庭恢复期避免一些不必要的冲突。

7. 让生活继续下去

儿童、青少年、成人，以及家庭，都要经历身体、情感、认知，以及社会性的发展，灾难所造成的压力和不幸，可以导致发展的中断、延迟或反转。灾难也会引起巨大的不良后果，使预期本该获得的机会或成就丧失。

儿童和家庭也应得到机会去处理灾难导致的发展问题。直接向儿童和家庭询问下面这些问题，可能会有帮助。

(1)针对父母或看护者。这个家庭有什么正在盼望的特殊事件吗？家里有什么人将要参加一件重要的事情吗？比如开始上学、从高中毕业或上大学？

(2)针对成人。目前的灾难是否会干扰你目前正要达到的目标？比如晋升或结婚？

(3)针对儿童或青少年。在灾难发生前，你有什么期盼的事情吗？比如过生日、参加一次学校的活动，或者是参加一次学校的重要比赛？

你应该想办法增强这个家庭对这些问题的认识，以便他们能够理解灾难给个人以及整个家庭所带来的挑战，为家庭成员找到可供选择的处理发展中断或延迟的方法。在帮助形成处理这些忧虑的计划的时候，要考虑到这个家庭是否能够把这件事安排在其他地点、改变预期，从而，使延期变得可以忍受。

8. 对于愤怒的处理

高度应激的灾后状态可以使幸存者变得焦躁易怒，难于处理自己的愤怒。下面的做法可能有益。

(1)向他们说明，愤怒和挫败感是灾后幸存者常见的感受。

(2)同他们讨论，愤怒会怎样影响他们的生活，比如发脾气就会影响与家人和朋友的关系。

(3)帮助幸存者认同或接受眼前的变化，使他们容易表达和释放出自己的愤怒。

(4)对于压抑愤怒导致自我伤害，而通过远离愤怒或转向建设性活动对自己有益的比较，也是有帮助的。

(5)强调某些愤怒是正常的甚至是有帮助的，而过度愤怒会削弱他们的能力。

你可以建议对方使用一些怒气管理技巧，其中包括：

提示自己“时间到了”或者“冷静”(离开现场并冷静下来，做一会儿别的事情)；

和一个朋友谈谈，是什么使得你愤怒，用一些体育运动（比如散步，慢跑，俯卧撑）来发泄情绪；

坚持写下笔记，记录你的感觉，以及为了改变你的处境你能够做些什么；

提醒自己，发怒不能得到想要的东西，还可能危害到生活中重要的关系；

参加一些积极的活动，比如阅读，听欢快节奏的音乐，参加一些成长小组，帮助朋友或者其他有困难的人；

用一种不同于以往的方式去看待自己的处境，比如从旁观者的角度看看自己，或者找出你过分愤怒的原因；

如果你是父母或者孩子的监护人，当你感到非常愤怒或者容易被激惹的时候，让另外的家庭成员或者其他的成人替你暂时照看小孩的活动；

孩子和成人都喜欢能够表达情感的活动，比如绘画、写日记、用玩具来生动地表达自己的处境（就是用玩具来进行角色扮演），还可以唱歌；

帮助孩子和青少年解决一些问题，让他们能够面对一些容易激怒他们或者容易使得他们感到挫折的环境，比如帮助他们平息和另外一个孩子的争执，帮助他们获得书籍和玩具，等等。

如果你发现一个怒火中烧的人可能失控或者会有暴力行为，立即寻求医疗或者精神科的帮助，并且联系安全部门。

9. 应对非常负面的情绪（内疚感和羞愧感）

灾难发生之后，幸存者可能会思索引起灾难的原因，他们是如何反应的，以及将来还有什么。你可以去倾听那些负面的倾诉，同时也帮助幸存者用较为积极或中立的方式去看待现在的处境。

你可以这样来询问：

“在现在这种情况下，我们如何才能让自己好一些而不是更糟？

“如果是你的一个好朋友，他对自己这样说话，你会如何反应？你会和他说什么？你能够对自己说这些对他说的话吗？”

告诉幸存者，即使他认为他自己错了，实际情况也并非如此。如果幸存者可以接受，向他建议一些看待目前处境的可能的方式。帮助他澄清误解，消除不必要的负罪感，以及羞愧感。对于孩子和青少年来说，可能难以表达自己的想法，你可以将一些负面的思维方式写在纸上，比如，“我做错了事情”，“我引起了灾难的发生”，“是我不乖”等，你可以逐条地同他们讨论，澄清所有的误解，讨论有益的想法，并写下来。提醒孩子或青少年，他没有错，不应该在继续为这些事痛苦。

10. 协助有睡眠障碍的人

灾难之后，睡眠困难是常见的现象。人们容易在夜间警醒，导致入睡困难，以及经常惊醒。对不利环境和生活的巨变，都会感到不安，以致难以入睡。而睡眠失调，会严重影响情绪状态、注意力、决策能力，并可能导致伤害。问问幸存者是否有睡眠问题，以及睡眠的时间安排和睡眠相关的习惯。可以让幸存者尝试这样做：

每天定时睡觉，定时起床；

减少饮酒，因为酒精会造成睡眠失调；

增加定时的身体锻炼，但要注意错开睡觉前的一段时间；

睡觉前就开始有意让自己放松，可以听舒缓的音乐、冥想，或者祈祷；

限制白天小睡的时间不超过 15 分钟，并且不在下午 4 点以后小睡；

对于切身相关的事情的忧虑，由于这些忧虑每天都被不断地提起，使得人难以安睡。建议对这些忧虑加以讨论。如果能够讨论，并且可以从旁人那里得到支持，那么过了一段时间以后，睡眠就能改善。

11. 应对酒精和药物使用

灾难后，常常有人会“借酒浇愁”，或者抽闷烟，然而“药能医假病，酒不解真愁”，这些都是不健康的应对方式，对于这种情况，应急志愿者应该：

向幸存者解释包括青少年在内的许多人，在经历了应激事件之后，常会通过喝酒、抽烟等方式缓解他们的负面情绪；

让幸存者指出使用酒精或大量抽烟来应对的好处和坏处；

讨论并且共同决定完全不使用或者安全使用酒精、烟草的计划；

讨论行为上的改变会带来能被预期到的困难；

如果情况必要，可以求助于专科医生帮助他们解决这些问题。

第四节　应急志愿者心理调适

在大灾之时，志愿者常常会由于对生还者及他们所受的创伤的同情，使自己出现严重的身心困扰，甚至心理崩溃。志愿者在帮助别人时，务必注意及时进行自我调适，并在必要时寻求专业人士的帮助。

一些志愿者急切想帮助别人，但看到灾害现场的惨状以及不断面对的重伤员，甚至是尽全力也没有挽回生命的人，有的志愿者会出现麻木与困惑，甚至感到愤怒，缺乏自制力和耐心。这种心理会让他们感到内疚和羞耻，认为自己的问题与受灾者相比微不足道，觉得自己本可以做得更好、做得更多而产生罪恶感，怀疑自己是否已经尽力，对于自己也需要接受帮助觉得尴尬、难堪。

志愿者产生这些心理问题，是因为志愿者往往对自己的工作有过高的期望值，无形中增加了自己的压力。当亲眼目睹创伤时，志愿者会失去以往所有的安全感，受灾者的恐惧、绝望、痛苦，会让志愿者们有深深的同感，很多人会选择抑制这种个人感情，硬撑下去。无形中他们的心灵也受到伤害，称之为“次伤害”。

为了保证自己的心理健康，志愿者在参与救灾工作之前，就要做好充分的准备，掌握一些心理援助的技巧。然后，建立完善自身的社会支持系统，与家人和朋友保持联系。志愿者之间要相互支持，适时地将你的感觉和救灾的经验与同事讨论和分享。注意休息，不要总和受灾者或幸存者在一起，每天必须有志愿者单独在一起的时间。找到表达自己的方式，考虑如何更好地谈出你遇到的情况、你做的工作及工作中遇到的困难。与你的同伴相互鼓励、打气，相互肯定，绝不要相互指责。允许自己有一些负面情绪，并要表达和发泄出来。

第六章　心肺复苏及创伤急救技术

急救现场处理,也叫现场抢救或入院前急救。它是指一些意外伤害、急重病人在未至达医院前得到及时有效的急救措施。急救现场处理的主要任务是抢救生命、减少伤员痛苦、减少和预防加重伤情及并发症,正确而迅速地把伤病员转送到医院,为进一步救治奠定基础。因此,应急志愿者需要熟练掌握心肺复苏、创伤急救等医疗救护技术。

第一节　急救现场处理

在现场急救时,应急志愿者利用急救技术对患者进行正确的处理非常重要,现场急救应该强调先救命,后治伤,再辨病,以迅速、准确、及时、高效为原则。

1. 现场急救原则

(1)镇定有序的指挥。一旦灾祸突然降临,不要惊慌失措,如果现场人员较多,要一面马上分派人员迅速呼叫医务人员前来现场,一面对伤病员进行必要的处理。

(2)迅速排除致命和致伤因素。如搬开压在身上的重物,撤离中毒现场,如果是触电意外,应立即切断电源;清除伤病员口鼻内的泥沙、呕吐物、血块或其他异物,保持呼吸道通畅等。

(3)检查伤员的生命体征。检查伤病员呼吸、心跳、脉搏情况。如有呼吸心跳停止,应就地立刻进行心脏按压和人工呼吸。

(4)止血。有创伤出血者,应迅速包扎止血,材料就地取材,可用加压包扎、止血带或指压止血等。同时尽快送往医院。

(5)如有腹腔脏器脱出或颅脑组织膨出，可用干净毛巾、软布料或搪瓷碗等加以保护。

(6)有骨折者用木板等临时固定。

(7)神志昏迷者，未明了病因前，注意心跳、呼吸、两侧瞳孔大小。有舌后坠者，应将舌头拉出或将头部侧偏，以防止窒息。

(8)迅速而正确地转运。按不同的伤情和病情，按轻重缓急选择适当的工具进行转运。运送途中随时注意伤病员病情变化。

总之，就地抢救就是保证维持伤病员生命的前提下，抓主要矛盾，分清主次，有条不紊地进行，切忌忙乱，以免延误，丧失有利时机。

2. 检伤与分类

检伤就是按伤员伤情的轻重程度将伤员分类，而分类有利于合理施救和转送分流。伤员分类站点应设在伤员较集中附近，并邻近交通要道，便于转送。对伤员进行检伤与分类，主要分为以下 4 类，分别用红、黄、绿、黑四种颜色标签标出，判断标准见图 6-1。

院前急救分诊图表

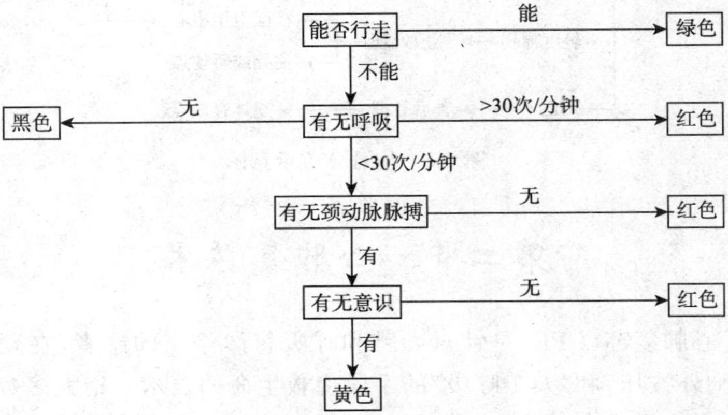

图 6-1　伤员检伤与分类

(1)重度(红色)。危及生命体征即危及呼吸、循环、意识者,如窒息、大出血、严重中毒、休克、心室颤动等。

(2)中度(黄色)。伤情比重度要轻,只要短时间内得到及时处理,一般不危及生命,否则伤情很快恶化如单纯性骨折、外伤出血、眼伤等。

(3)轻度(绿色)。血压、呼吸、脉搏等基本生命体征正常,可步行,症状较轻,一般对症处理即可,如一般挫伤、擦伤。

(4)死亡(黑色)。意识丧失、颈动脉搏动消失、心跳呼吸停止、瞳孔散大。

3. 伤员分流

伤员经现场检伤、分类和对症处理伤情稳定后,应有的放矢地向具备接收和决定性治疗能力的医院转运和分流,见图 6-2。

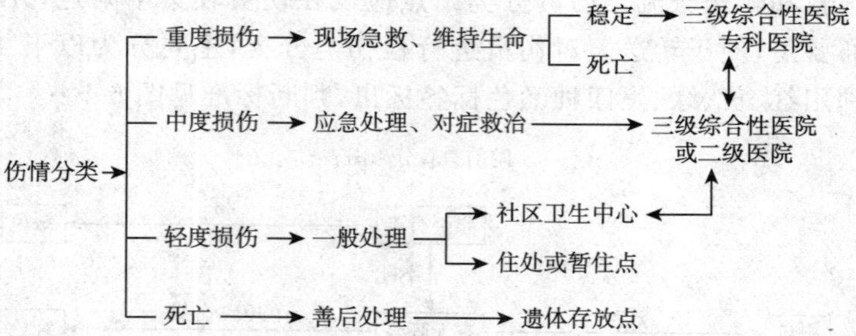

图 6-2 伤员分流示意图

第二节 心肺复苏术

心肺复苏(CPR)是针对心跳和呼吸忽然停止的患者,在现场通过“胸外按压”和“人工呼吸”的手段挽救生命的技术。绝大多数心脏骤停发生在成人身上,而在各年龄段的患者中,有目击者的心脏骤停抢救存活率最高，初始心律主要是心室颤动（VF）或无脉性室性心动过速（VT）。在这些患者中，基础生命支持的关键操作是胸外按压和早期除颤。

对于心跳呼吸骤停的伤病员，心肺复苏成功与否的关键是时间。心跳呼吸停止可以引起全身重要器官缺血、缺氧。大脑一旦缺血缺氧4～6分钟，脑组织就会发生损伤，超过10分钟就不可恢复。因此，在心跳呼吸骤停后4分钟之内开始正确的心肺复苏，8分钟内开始高级生命支持者，生存希望大。抢救生命的黄金时间是4分钟，现场及时开展有效的抢救非常重要。

心肺复苏是通过一系列的操作步骤实现的。在急救现场，救助者的动作是否正确直接影响抢救的效果，所以，尽管操作比较简单，但也要求动作严格按照标准进行。《2010美国心脏协会心肺复苏及心血管急救指南》指出，心肺复苏的步骤依次是胸外按压（Circulation）30次—开放气道（Airway）—人工呼吸（Breathe）2次，然后循环以上操作。新标准遵循“C—A—B”的顺序，代替了原先标准中的“A—B—C”的顺序，主要是因为：

(1)胸外按压能够向心脏和大脑提供重要的血流量，研究表明，心脏骤停时，患者经过抢救的生存率要比那些未做CPR的高。

(2)动物数据表明，延误胸外按压会减少生存率，所以被延误的情况应最小化。

(3)胸外按压不受体位的影响，可以即时进行，而定位头部和进行嘴对嘴呼吸都需要花费时间。

(4)在双人抢救时，C-A-B的优势更突出，在第一个抢救者进行胸外按压的同时，第二个抢救者施行开放气道。在开始做人工呼吸时，第一个30次胸外按压也就结束了。

(5)不管是单人还是多人抢救，都要明确一点，那就是首先从胸外按压开始CPR，推迟进行人工呼吸。

单人实施心肺复苏时，需要评估现场环境安全，确保在病人和自身安全的情况下实施救援。对病人的意识进行初步的判断；用双手轻拍病人双肩，问："喂！你怎么了？"病人无反应时，判断病人是否有颈动脉搏动(用右手的中指和食指从气管正中环状软骨划向近侧颈动脉搏动处)；判断无搏动(数1001，1002，1003，1004，1005…判断5秒以上10秒以下)时，应急志愿者应一边呼救"来人啊！喊医生！打120电话"，一边准备实施心肺复苏。首先使病人卧于硬板床或硬地面上，去枕，摆正体位，躯体成一直线，松解上衣、衣领及裤带，志愿者位于病人右侧，双膝跪地，左膝平病人肩部，与肩同宽。一切就绪后准备实施胸外按压。

1. 胸外按压

胸外按压使得位于胸骨和脊柱之间的心脏被挤压，推进血液向前流动。松开按压时，心脏恢复舒张状态，心腔扩大，产生吸引作用，使得血液回流，起到人体正常循环的作用。

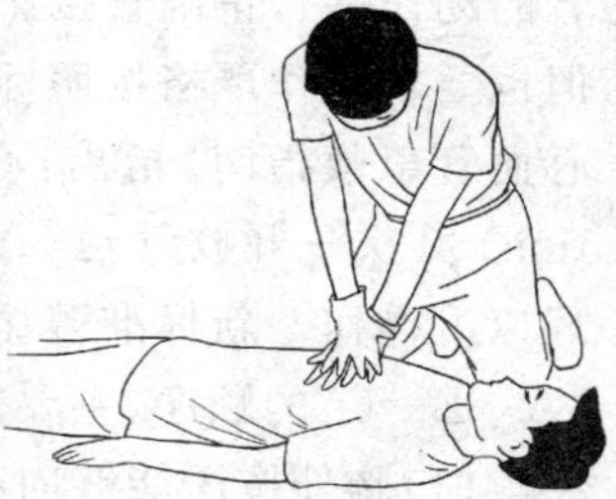
图6-3 胸外按压

胸外心脏按压(见图6-3)的步骤如下。

(1)确定需要按压的部位，然后再按照至少100次/分钟的频率进行按压。

(2)用一手手指触摸到患者的胸部正中两乳头水平连线中点；用一手中指沿伤病员一侧肋弓向上滑行至两侧肋弓交界处，食指、中指并拢排列，另一手掌根紧贴食指置于伤病员胸部；双手掌根同向重叠，十指相扣，掌心翘起，掌根点为按压点，掌根着力，不能指起离开胸骨。双臂伸直，上半身前倾，以髋关节为支点，垂直向下、用力、有节奏地按压30次。

按压与放松的时间相等，成人按压幅度至少为5厘米；婴儿和儿童的按压幅度至少为胸部前后径的三分之一(婴儿大约为4厘米，儿童大约为5厘米)，且注意保证每次按压后胸部回弹；尽可能减少胸外按压的中断。

2. 开放气道

30 次胸外按压后，单人抢救者开放被救者的气道，清除口腔内分泌物及呕吐物、假牙等。目的是畅通呼吸道，使得气体能够出入。如果患者仅仅是呼吸道异物堵塞，通过这个方法即可恢复呼吸功能。打开气道的操作步骤(见图 6-4)如下。

(1)让患者平卧于硬板或者平地上，头偏一侧。

(2)迅速清除患者口鼻内的异物、义齿。

(3)采用仰头抬颏法：将一手的手掌小指侧部置于患者的前额并稍加用力，使头后仰，另一手的食指、中指置于下颌，将下颌骨上提；使耳垂及下颏角连线与地面垂直。如果怀疑患者颈椎受伤，可采用双下颌推前法，先把双手的手指分别放在患者两侧下颌角，然后双手同时托起下颌骨并往前推。

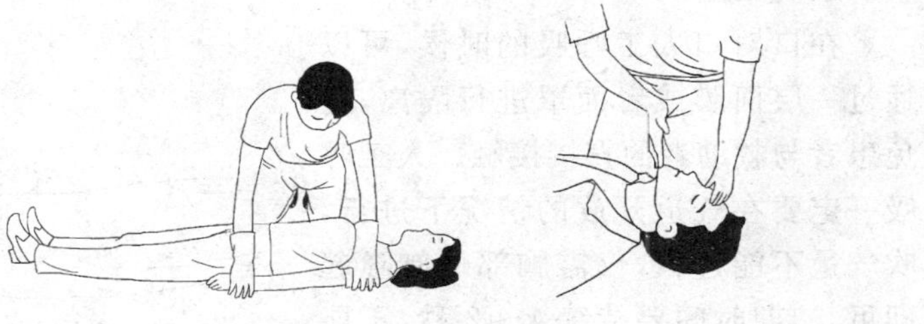

图 6-4　开放气道

3. 人工呼吸

开放气道后，对病人进行人工呼吸。在事发现场通过口对口(鼻)人工呼吸的方法，使得没有自主呼吸或者呼吸困难的患者被动进行呼吸，可以起到人体正常呼吸的作用。这是一种快速有效的向患者提供氧气的方法。其原理如下：空气中含氧量约为 21%，二氧化碳的含量为 0.04%，其余大部分由氮组成的。经过人体呼吸，呼出的气体的含氧量下降为 16%，二氧化碳升高为 4%。在实施口对口(鼻)人工呼吸的时候,患者吸进的是救助者的"呼出气",虽然所获得的气体中的氧浓度比空气中的要低,二氧化碳浓度比空气中的要高,但是在患者心跳和呼吸停止之后,肺部处于半塌陷的状态,吹入肺部的气体能够让肺部扩张,气体中的氧气含量足够患者的需要。同时,少量的二氧化碳可以起到刺激患者恢复自主呼吸的作用。

具体方法是:首先将放在伤病员前额的手的拇指、食指捏紧伤病员的鼻翼,以防气体从鼻孔逸出。然后吸一口气,用双唇包严伤病员口唇,缓慢持续将气体吹入,并观察患者胸部升起。吹气时间为1秒钟以上。吹气量700～1100毫升(吹气时,病人胸部隆起即可,避免过度通气),可按照每6～8秒钟1次呼吸的速率,进行人工呼吸(每分钟8～10次呼吸)。吹气完毕,松开捏鼻子的手,侧头吸气并观察患者胸部下降,确保每一次吹气都能看到胸部的起伏,听到和感觉到呼出的气流。如果通气不成功,则应调整头部的位置,重复人工呼吸。示例见图6-5。

在口对口人工呼吸的时候,可以通过一层面膜或者面罩进行隔离,避免患者与救助者的直接接触。人工呼吸一定要在气道开放的情况下进行,吹气量不能过大,仅需胸部略有隆起即可,初期时间要持续1～2秒,不能过快,以免吹进胃内,引起胃扩张。

图6-5 人工呼吸

【重要提示】单人操作心肺复苏的按压与通气之比为30∶2,双人操作的按压与通气之比为15∶2,做5个循环后可以观察一下伤病员的呼吸和脉搏。当伤病员面色、口唇由苍白、青紫变红润;恢复自主呼吸及脉搏搏动;眼球活动,手足抽动,呻吟之后,说明心肺复苏起到了效果。

第三节 创伤急救基本技术

创伤是各种致伤因素造成的人体组织损伤和功能障碍。轻者造成体表损伤，引起疼痛或出血；重者导致功能障碍、残疾，甚至死亡。创伤救护包括止血、包扎、固定、搬运四项技术。遇到出血、骨折的伤病员，救护人员首先要保持镇静，做好自我保护，迅速检查伤情，快速处理伤病员，同时呼叫急救电话或场馆的急救人员。

1. 止血技术

出血，尤其是大出血，属于外伤的危急重症，若抢救不及时，伤病人会有生命危险。止血技术是外伤急救技术之首。现场止血方法常用的有四种，使用时根据创伤情况，可以使用一种，也可将几种止血方法结合一起应用，以达到快速、有效、安全的止血目的。

(1)指压止血法(见图 6-6)

直接压迫止血：用清洁的敷料盖在出血部位上，直接压迫止血。

间接压迫止血：用手指压迫伤口近心端的动脉，阻断动脉血运，能有效达到快速止血的目的。

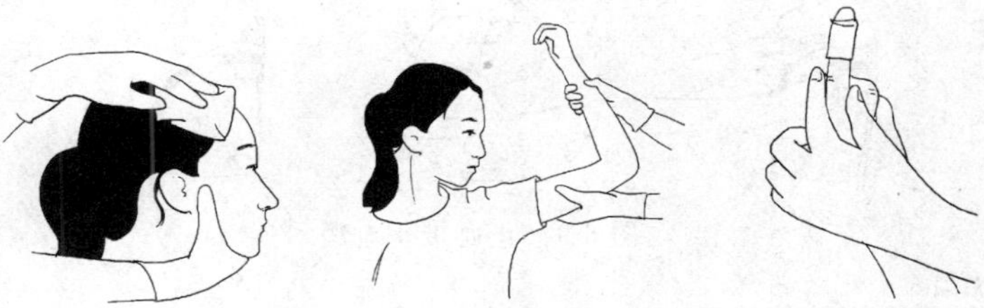

图 6-6 指压止血法

(2)加压包扎止血法(见图 6-7)

用敷料或其他洁净的毛巾、手绢、三角巾等覆盖伤口，加压包扎达到止血目的。

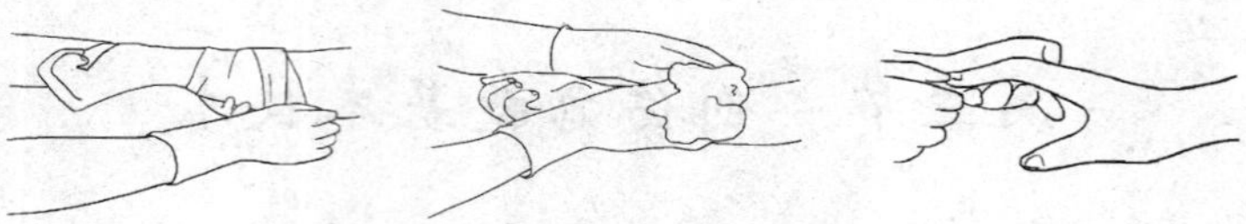

图 6-7　加压包扎止血法

(3)填塞止血法(见图 6-8)

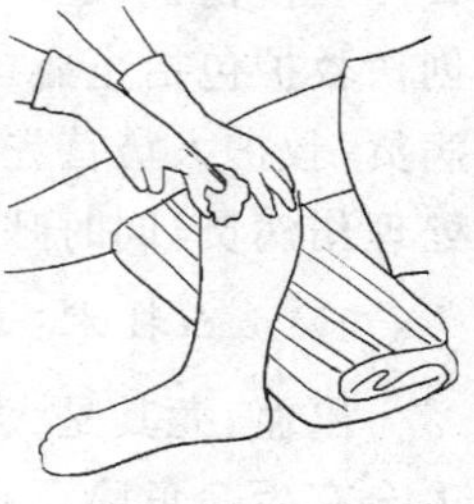

图 6-8　填塞止血法

用消毒纱布、敷料(如果没有,用干净的布料替代)填塞在伤口内,再用加压包扎法包扎。

【重要提示】救护员和志愿者只能填塞四肢的伤口。

(4)止血带止血法(见图 6-9)

上止血带的部位在上臂上 1/3 处、大腿中上段,此法为止血的最后一种方法,操作时要注意使用的材料、止血带的松紧程度、标记时间等问题。

图 6-9　止血带止血法

2. 包扎技术

快速、准确地将伤口用自粘贴、尼龙网套、纱布、绷带、三角巾或其他现场可以利用的布料等包扎,是外伤救护的重要环节。它可以起到快速止血、保护伤口、防止污染、减轻疼痛的作用,有利于伤员转运和进一步治疗。

(1)绷带包扎

①手部"8"字包扎,见图 6-10,它也同样适用于肩、肘、膝关节、踝关节的包扎。

②螺旋包扎,见图 6-11,适用于四肢部位的包扎,对于前臂及小腿,由于肢体上下粗细不等,采用螺旋反折包扎,效果会更好。

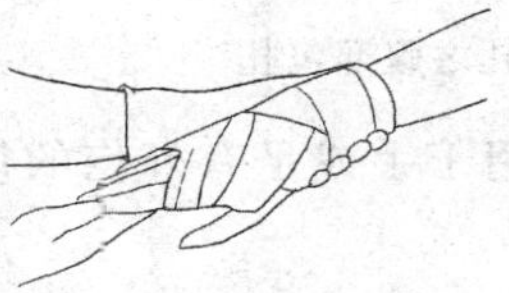

图 6-10　手部 8 字包扎法

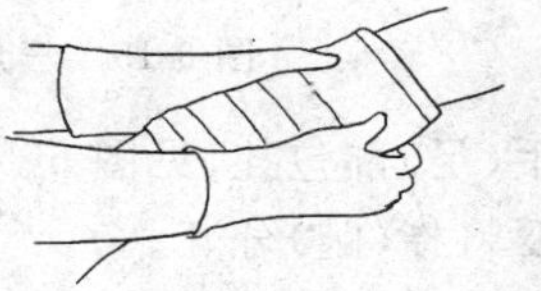

图 6-11　螺旋包扎法

(2)三角巾包扎

①头顶帽式包扎,见图 6-12,适用于头部外伤的伤员。

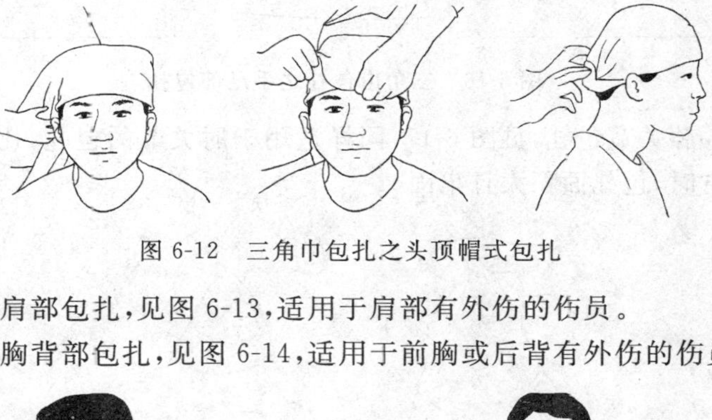

图 6-12　三角巾包扎之头顶帽式包扎

②肩部包扎,见图 6-13,适用于肩部有外伤的伤员。

③胸背部包扎,见图 6-14,适用于前胸或后背有外伤的伤员。

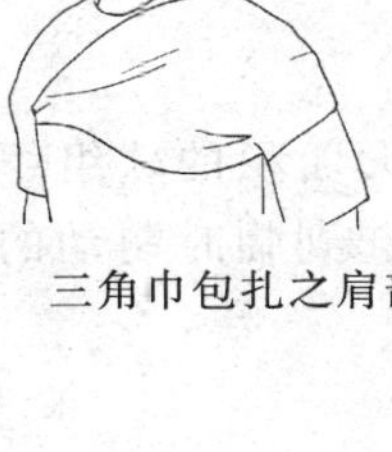

图 6-13　三角巾包扎之肩部包扎

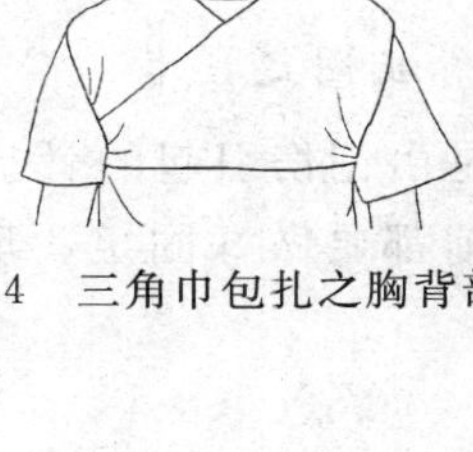

图 6-14　三角巾包扎之胸背部包扎

④腹部包扎,见图 6-15,适用于腹部或臀部有外伤的伤员。

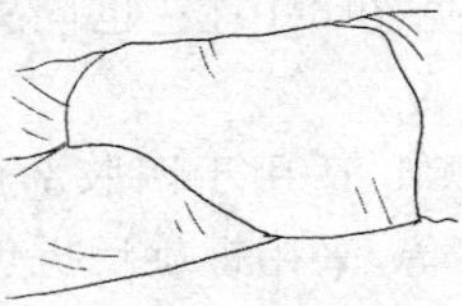

图 6-15 三角巾包扎之腹部包扎

⑤手(足)部包扎,见图 6-16,适用于手或足有外伤的伤员,包扎时一定要将指(趾)分开。

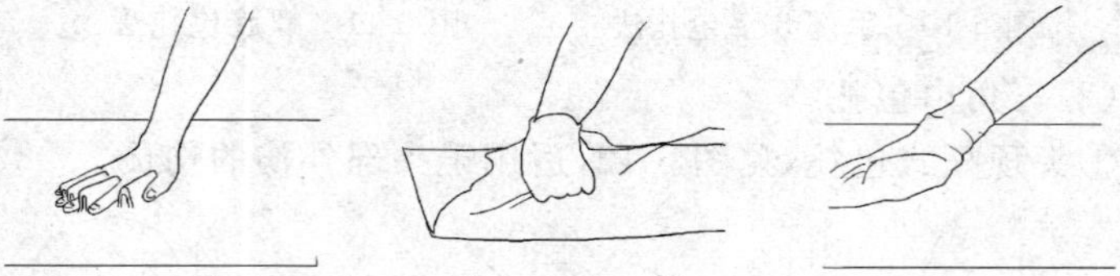

图 6-16 三角巾包扎之手足部包扎

⑥膝关节包扎,见图 6-17,同样适用于肘关节的包扎,比绷带包扎更省时,包扎面积大且牢固。

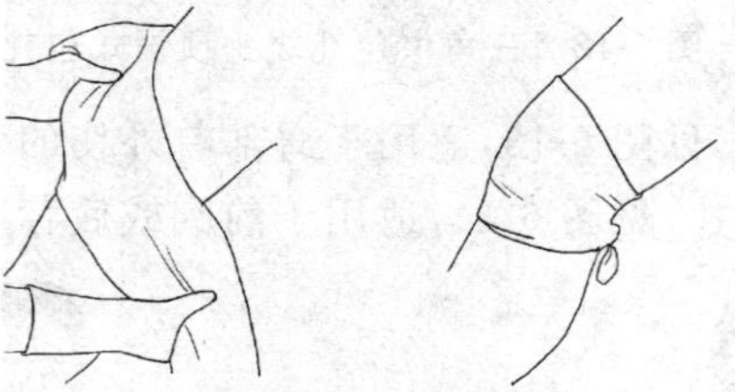

图 6-17 三角巾包扎之膝关节包扎

3. 骨折固定技术

凡是由创伤引起的骨折、关节损伤、大面积的软组织挫伤,在搬运之前都要做好固定。现场的固定只起到临时制动的作用,主要目的是避免搬运过程中骨折断端对周围组织的二次损伤。在受伤现场寻找到的扁担、木棍、木块、硬纸板都可以作为临时的固定材料。

(1)四肢骨折固定技术

①上臂骨折自身躯干固定步骤(见图 6-18)。

首先,用一条三角巾或者宽布带通过上臂骨折部分绕过胸廓,在对侧打结固定(三角巾顶角向上);

其次,前臂屈肘 90°;

最后,用另一条三角巾把前臂悬吊于颈项上,三角巾的底边必须超过腕关节。

②前臂骨折木板固定步骤(见图 6-19)。

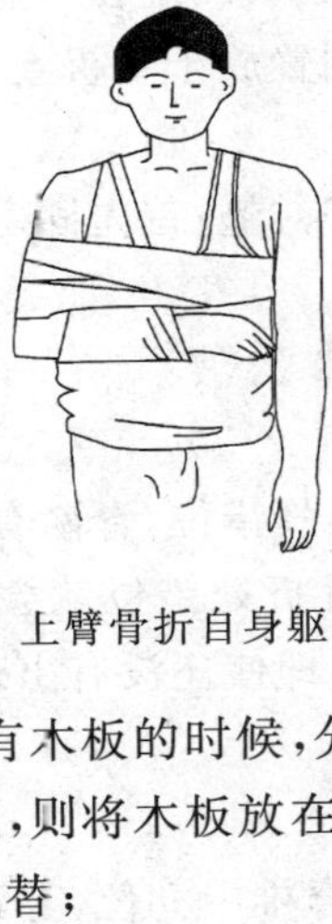

图 6-18 上臂骨折自身躯干固定法

图 6-19 前臂骨折木板固定

第一,有木板的时候,分别在手背侧和手心侧各放一块,如果只有一块木板,则将木板放在手心侧,也可放在前臂外侧,没有木板可以用书本代替;

第二,用两条三角巾或者绷带先固定上端,再固定下端;

第三,用一条三角巾将前臂屈肘位置悬吊于颈项上。

③前臂骨折自身躯干固定步骤(见图 6-20)。

首先,没有木板或者书本的时候,先用一条三角巾将前臂屈肘位置悬吊于颈项上；

然后再用另一条三角巾将上臂系在躯干上加强固定。

图 6-20 前臂骨折自身躯干固定

④大腿骨折自身健肢固定步骤。

第一，在没有木板的时候，用三角巾、腰带或者布条等将伤肢与健肢固定在一起；

第二，用 5 条宽带固定，首先固定骨折上下两端，然后分别在髋部、小腿、足踝固定；

第三，两膝、两踝、两腿空隙之间垫好衬垫；

第四，用“8”字形法固定足踝。

⑤小腿骨折自身健肢固定步骤。

第一，在没有木板的时候，将伤肢与健肢固定在一起；

第二，用 4 条三角巾从膝关节下分别置放于骨折上下两端、膝关节和踝关节处；

第三，两膝、两踝、两腿空隙之间垫好衬垫；首先固定骨折上下两端，然后分别在膝盖、足踝固定；

第四，用“8”字形法固定足踝。

(2)脊柱骨折固定

脊柱骨折常常伤及脊髓，如果受伤椎骨错位，脊髓有可能被切断或者被挤压。此时如果处置不当，脊柱骨折处错位就会加重脊髓的损伤。因此如果怀疑有脊柱损伤的时候，即使还没有出现瘫痪症状，也应该及时采取措施，立即固定。

①颈椎骨折脊柱板固定步骤

首先，双手轻轻的牵引头部，保持其脊椎中立位，上颈托固定；

其次，保持患者身体整体侧翻(鼻子和肚脐在一条直线上，头和肩膀成自然角度)，放置在脊柱固定板上呈平卧位；

最后，将头部固定，双肩、骨盆、双下肢和足部用宽带固定在脊柱板上。

②胸腰椎骨折

怀疑有胸腰椎骨折时，不要让患者试着坐起或者站立，以免加重损伤。根据受伤时候的体位采取不同的处置方法。

如果受伤后呈现俯卧位，不要再翻动患者，面朝下患者感觉更加舒服一些，将其保持这样的姿势移动到木板上。应采取 4 人搬运法，4 人合作小心地抬起俯卧位患者，勿让其背部活动；将准备好的单架放在患者身体下面，整体放下；然后分别将头部、双肩、骨盆、双下肢及足部用宽带固定在木板上。见图 6-21。

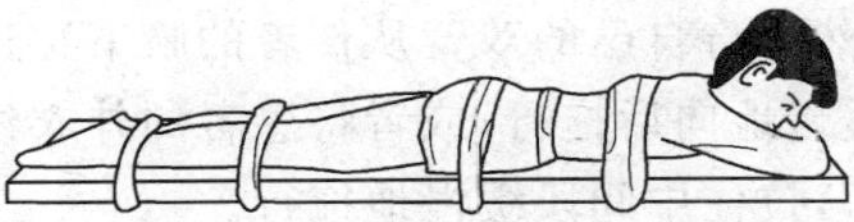

图 6-21　俯卧位脊柱骨折固定法

如果患者是侧卧位，则要将之翻转成俯卧位。首先将患者的双臂拉过头顶，同时扳动其双肩和大腿，保护好背部，小心地将身体拉直；让患者面部朝下趴在地上，采取 4 人搬运法，4 人合作小心的抬起俯卧位患者，勿让其背部活动；将准备好的单架放在患者身体下面，整体放下；然后分别将头部、双肩、骨盆、双下肢及足部用宽带固定在木板上。

如果患者是仰卧位平躺，千万不要翻动他的身体，4 人合力小心地抬起仰卧位患者，勿让其背部活动；平稳的移动患者至硬板担架上加以固定（见图 6-22）；如果患者神志不清，将其双臂放在胸前交叉固定。

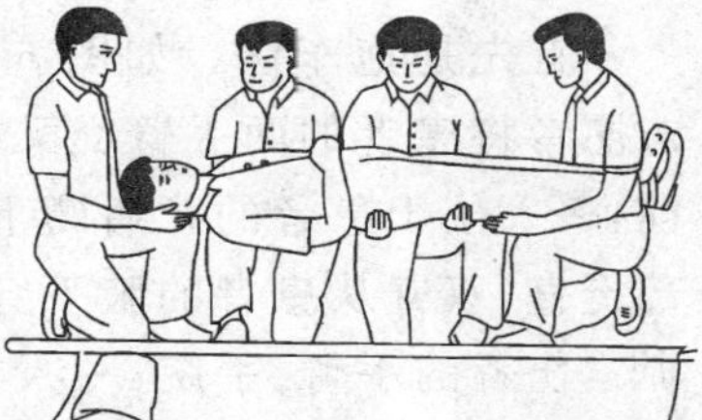

图 6-22　仰卧位脊柱骨折固定法

4. 搬运转送基本技术

伤者的搬运转送是现场急救的最后一环,也是保证救助成功的重要环节,各种重伤患者现场处理之后,都必须送到医院接受进一步的救助。不同的患者有着不同的搬运转送的方法,基本的原则是尽量使得患者受伤的部位不负重,同时保证未受伤的部位不扭曲,不会造成二次损伤。搬运者动作要轻快,避免震动,减少痛苦,保证安全。

(1)单人搬运法

首先是拖行法。志愿者位于患者的背后,先将患者的两手臂交叉横放于胸前,然后将自己的双臂从伤者的腋下穿过,分别抓紧伤者的手臂、手腕,缓慢地向后拖行;或者将患者的外衣纽扣解开,衣服从背后反折到颈部,拉住中间段缓慢地拖行。

其次是爬行法。志愿者将伤者的双手用布带捆绑于胸前,骑跨跪于患者的胸部两侧;将患者双手套于颈部用力向上抬起,使其头部、颈部、肩部离开地面,双手着地拖带爬行前进。

最后是扶行法,适用于没有骨折,伤势不重,能自己行走的伤病者。通常采取的方法是:救护者站在身旁,将其一侧上肢绕过救护者颈部,用手抓住伤病者的手,另一只手绕到伤病者背后,搀扶行走。

(2)双人搬运法

首先是拖车法。如图 6-23 所示,志愿者将患者的两手臂交叉横放于胸前,一人位于患者的背后蹲下,保持背部挺直,双臂从患者的腋下穿过,分别抓紧伤者的手臂、手腕;一人在患者两腿间蹲下,将双臂穿过两腿;两人一起慢慢站起,抬起患者一起前进。

图 6-23　双人搬运拖车法

其次是椅子拖法。如图 6-24 所

示，两人分别在患者两侧面对面对立，单膝跪地；各用一只手深入患者的大腿下互相紧握；另一只手臂互相交叉，抓握伤者的腰带支持其背部，顺势让伤者的头部后仰，气道开放，两人一起慢慢站起，抬起患者一起前进。

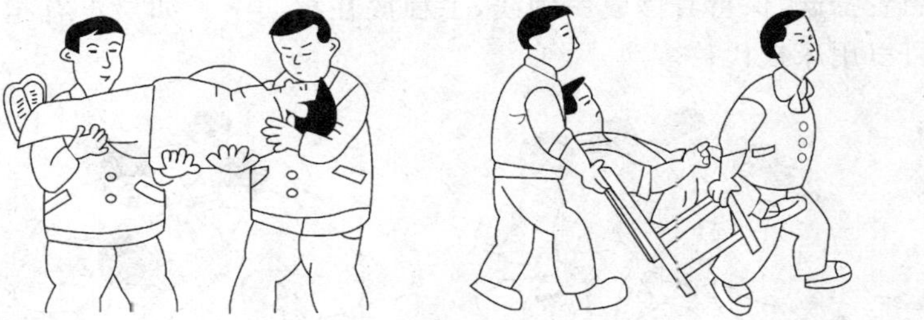

图 6-24　双人搬运椅子法

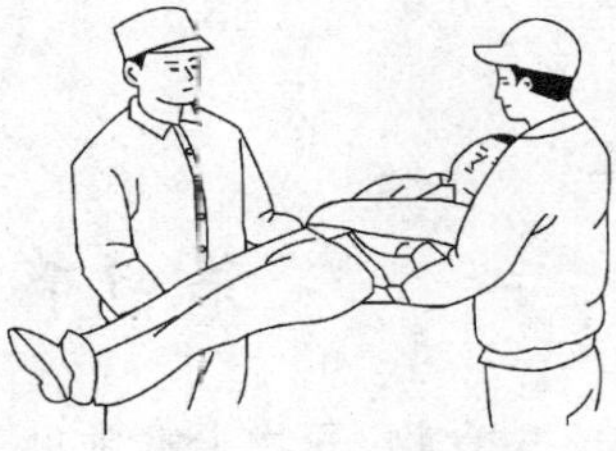

图 6-25　双人搬运平抬法

还有就是双人搬运平抬法。如图 6-25 所示，两位急救者分别在患者两侧面对面对立，单膝跪地；一人用一只手放在患者的膝盖处，另一只手放在患者的臀部；另一人将一手放在患者的臀部，另一只手托住患者的背部；两人一起慢慢站起，抬起患者一起前进。

(3)四人搬运法

四人搬运法分为毛毯搬运法和担架搬运法两种，见图 6-26。

首先是毛毯搬运法，适用于患者无骨折但是伤势严重且楼梯狭窄的情况。首先将毛毯的半边卷起放在地上，卷边靠近患者；然后翻转患者呈现侧卧位，并使得毛毯卷起部分贴近患者的背部；轻轻的向后翻转过毛毯的卷起部分，使得患者呈现仰卧位；再将毛毯两边紧紧地卷向患者并贴近其身旁；4 人两两对立而站，分别抓住头部腰部、髋部、足踝部位的卷毯，合力抬起患者。

其次是担架搬运法。首先在担架上面垫上被褥、毛毯等物，防止皮肤压伤；然后伤者仰卧，4 人依次排开，单膝跪地，分别位于伤者头部、肩部、腰部、腿部一侧；一人保护颈椎于中立位置，其余三人分别将双手臂穿过伤者的肩部、腰部、臀部、腿部；四人同时用力，慢慢把患者抬起，保持身体成一轴线，平稳放在担架上。如果没有担架，也可以用床板代替。

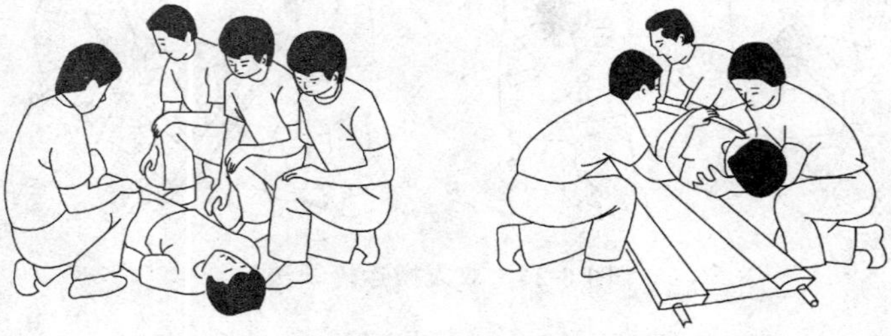

图 6-26　四人搬运法

第四节　海姆利克急救法

食物、异物卡喉常见于进食或口含异物时嬉笑、打闹或啼哭，尤其多见于儿童。由于食物或异物嵌顿于声门或落入气管，造成病人窒息或严重呼吸困难，表现为突然呛咳、不能发音、喘鸣、呼吸急促、皮肤发紫，严重者可迅速出现意识丧失，甚至呼吸、心跳停止。一旦发生这种情况，千万不要拍打病人的背部，应在迅速与医院联系或将病人转送医院的同时，立即对其进行现场急救。这里介绍海姆利克(Heimlich)手法，简单易行，十分有效。

1. *海姆利克急救法概述*

海姆利克急救法是海姆利克教授于 1974 年发明的，是一种简便易行，人人都能掌握的急救法，普遍应用于气管异物的抢救，它能打开气道，保持呼吸道的通畅。1975 年 10 月，美国医学会以他的名字命名了这个急救方法。至今，此方法至少救活了 10 万生命，其中包括美国前总统里根、纽约前任市长埃德、著名女演员伊丽莎白，等等。《世界名人录》称海姆利克为"世界上拯救生命最多的人"。

2. 海姆利克急救法的原理

海姆利克急救法的原理是：患者窒息时，肺内仍有残留气体，给膈以下软组织以突然向上的压力，使胸腔压力骤然升高，从而压迫双肺，驱使肺内残存的气流进入气管，便可排出卡在气管口的食物或其他异物。

3. 海姆利克急救法的操作方法

(1)受害者站着或坐着。救护者站在受害者身后，从背后抱住其腹部，双臂围环其腰腹部，一手握拳，拳心向内按压于受害人的肚脐和肋骨之间的部位；另一手成掌捂按在拳头之上，双手急速用力向里向上挤压，反复实施，直至吐出阻塞物为止。

(2)受害者躺倒在地，由于缺氧而不省人事。救护者托住受害者背部使之仰卧，两脚左右分开跪于受害者臀部两侧，一手以掌根按压肚脐与肋骨之间的部位，另一手掌覆盖其手掌之上，用力迅速挤压，反复至咽喉异物排出。

(3)自己是受害者，孤立无援。用自己的拳头和另一只手掌猛捅，或用圆角或椅背快速挤压腹部。在这种情况下，任何钝角物件都可以用来挤压腹部，使阻塞物排出。

(4)受害者是 1 岁以下的婴儿。救护者坐在地上，将婴儿仰卧于大腿上或坚固的表面上，或者让婴儿坐在大腿上，面朝救护者，用双手的食指和中指做"挤压器"，迅速轻柔地向里向上挤压。

(5)受害者溺水。溺水者取头低脚高位，救护者两脚分开跪在受害者臀部两侧，双手成掌叠置于受害者膈部，在肋骨下面向里向上推按，可以挤出肺里的进水，使受害者心肺易于复苏。

第七章 常见事故的紧急救助

第一节 溺 水

溺水是由于人体淹没在水中，呼吸道被水堵塞或喉痉挛引起的窒息性疾病。溺水时可有大量的水、泥沙、杂物经口、鼻灌入肺内，可引起呼吸道阻塞、缺氧和昏迷直至死亡。溺水后由于大量水或水中异物同时灌入呼吸道及吞入胃中，水充满呼吸道和肺泡，刺激喉、气管引起反射性痉挛，声门关闭及水中污物、水草堵塞呼吸道，导致肺通气、换气功能障碍，引起窒息甚至是呼吸、心跳的骤停，以致死亡。据联合国一项调查报告显示，在 26 个发达国家中，溺水是儿童意外伤害中仅次于交通事故的第 2 位死因。在我国，儿童溺水死亡率为 8.77/10 万，0—14 岁儿童占总溺水死亡人数的 56.04%。溺水是 0—14 岁年龄组儿童第 1 位死因。

溺水窒息后，最易受损害的是脑细胞。缺氧的时间和程度，直接影响着心肺复苏的成功率和脑复苏的效果。资料显示，脑缺氧 10 秒即可出现意识丧失；缺氧 4～6 分钟，脑神经元会发生不可逆的病理改变；6～9 分钟死亡率达 65%；12 分钟后存活率几乎为零。因此，溺水早期现场抢救必须快速、有效、分秒必争，力争做到早发现、早复苏、早治疗。

溺水后常见病人全身水肿，发绀，双眼充血，口鼻充满血性泡沫、泥沙或藻类，手足掌皮肤皱缩苍白，四肢冰冷，昏迷，瞳孔散大，双肺有啰音，呼吸困难，心音低且不规则，血压下降，胃充水扩张。恢复期则可能出现肺炎、肺脓肿。溺水整个过程时间很短，溺水者常常在4～5分钟或5～6分钟内即死亡。

对溺水者的抢救，必须争分夺秒。不习水性而落水者，不要过度惊慌，迅速采取自救：头后仰，口向上，尽量使口鼻露出水面，进行呼吸，不能将手上举或挣扎，以免使身体下沉。会游泳的人如肌肉疲劳、肌肉抽筋也应采取上述自救办法。

救护溺水者要镇静，尽量脱去外衣、鞋、靴等，迅速游到溺水者附近，看准位置，用左手从其左臂或身体中间握其右手，或拖头部，然后仰游拖向岸边。如救护者不习水性，可带救生圈、救生衣或塑料泡沫板、木板等，注意不要被溺水者紧抱缠身，以免累及自身。溺水者被救起后应立即清除其口鼻中泥沙污物，将舌拉出，保持呼吸道通畅。如尚有心跳、呼吸，可将溺水者俯卧，头低，腹垫高，压其背部排出肺、胃内积水。其方法是：救生者一腿跪地，另一腿屈膝，将溺水者腹部横放在救护者屈膝的大腿上，头部下垂，后压其背部，使胃及肺内水倒出。如呼吸、心跳停止，立即进行人工呼吸和胸外心脏按压，如口对口呼吸、气管插管、吸氧等，必要时使用海姆利克急救法。当溺水者心跳、呼吸恢复后，可用干毛巾摩擦全身，自四肢、躯干向心脏方向摩擦，以促进血液循环。在进行现场急救的同时，要迅速打120就近送医院救治。

第二节 中 毒

凡是能引起中毒的物质统称为毒物。接触毒物的人在一段时间内发病成为急性中毒。中毒会影响呼吸系统、消化系统、神经系统的功能，在生活中经常遇见。如不及时救助，会危及中毒者的生命，常见的中毒情况有以下几种。

1. 一氧化碳中毒

一氧化碳是一种无色无味的气体，比空气轻，易燃。空气中一氧化碳含量一旦达到 0.04%～0.06%，人处在其中就会中毒，当一氧化碳在空气中的浓度达到 12.5%时，还可能引发爆炸。生活用煤、室内用碳、自制土暖气取暖、汽车尾气、管道煤气等使用不当，都会产生一氧化碳。一氧化碳与血红蛋白的结合力比氧气与血红蛋白的结合力大 200 倍，结合了一氧化碳的血红蛋白不能与氧气结合，最终导致缺氧、死亡。日常生活中，特别在睡眠中更容易发生一氧化碳中毒，使人昏迷并危及生命。一氧化碳中毒主要表现为缺氧、意识不清。皮肤常呈现出特殊的樱红色。轻、中度中毒的时候，如果能采取救助措施，症状基本可以治愈，很少留下后遗症。重度中毒或者极度中毒者死亡率极高。即使救活也会产生严重的后遗症，如痴呆、瘫痪，基本丧失生活和工作能力。

一氧化碳中毒的救助方法如下：救助者用湿毛巾捂住口鼻进入房间；关闭气源阀门；禁止使用明火或者启动电设备；迅速打开门、窗通风；将中毒者转移出中毒的环境，解开衣领扣子，呼吸新鲜空气；当中毒者心跳和呼吸停止时，应立即实行心肺复苏术；拨打 120 将患者送至医院接受进一步治疗。

本节对一些燃气使用的注意点做了介绍，希望大家可以通过这些介绍，注意燃气的使用方法。居民生活所用的燃气，有人工煤气、天然气和石油液化气。这些气体都具有易燃易爆的特点。一旦泄漏，很容易引起燃爆事故。所以，了解如何安全使用燃气器具十分重要。

(1)在使用管道煤气的时候，注意事项如下。

①不可自行拆装煤气设备。

②不可在煤气管道上拉绳子悬挂物品。

③不可在煤气设备附近堆放汽油、酒精等易燃物品。

④点火之后要避免被风吹灭，做饭的时候最好灶旁不离人。

⑤燃气热水器一定要安装在通风良好的地方。

⑥睡觉之前、外出之前和使用煤气之后，都要做好安全检查，以防发生泄漏事故。

⑦家庭要教育小孩不要乱动煤气开关。

(2)在使用液化气的时候，应注意以下方面。

①预防漏气，如果闻到有臭鸡蛋样的气味，应该立即仔细检查，关好阀门或堵漏。

②液化气罐与灶具之间的距离应该大于50厘米，要放置于便于搬动的地方，以便在紧急的时候把它搬走。气罐不可以倒放、横放。

③气罐不能放在环境温度超过40摄氏度的地方，不可接近炉子、暖气片、热水管。

④防止总开关漏气、堵塞，停用液化气的时候，总开关应该随时关闭。

⑤注意检查并避免气罐上的密封圈和连接灶具的软管老化，软管至少应该离灶面10厘米。

⑥不可随意拆动气罐上的设备。出现故障的时候请专业人员维修。

⑦使用液化气的时候应该先点火，后给气。室内要保持空气流通，人最好不要离开。

2. 药物中毒

药物中毒的种类很多，一般常见的有安眠药中毒、鼠药中毒等。

安眠药是抑制中枢神经系统的药物，具有镇静和催眠的作用，一次大剂量服用可导致中毒。长期滥用安眠药可引起耐药性和依赖性而导致慢性中毒。发现有人因安眠类药物中毒之后，首先救助者应拨打120求助；如果发现中毒者意识清醒，应立即刺激咽喉催吐；如果中毒者昏迷，则要保持气道畅通；对呼吸停止的中毒者应立即实施心肺复苏术。

鼠药中毒常见于投毒、自杀、误食。常见的鼠药中毒患者会表现为咽喉麻木、口渴、口腔和胃部烧灼感、心悸、意识不清、头痛、肢体抽搐等。发现有人中毒之后，应首先拨打120求助；如果发现中毒者意识清醒，帮助他们喝下温水催吐解毒；如果出现意识不清，就要把中毒者转移到有新鲜空气的场所，解开衣扣、腰带，保持呼吸畅通，并要把患者的头偏向一侧，防止呕吐物堵塞呼吸道；如果中毒者出现心跳和呼吸停止，就要立即实行心肺复苏术。

3. 食物中毒

食物中毒，是指使用了含有某种细菌、细菌毒素或者混有重金属、农药或者其他毒素的食物，以及吃了有毒的动物或者植物后引起的急性中毒。食物中毒的潜伏期较短，进食后会突然发病，中毒发病时间比较集中。食物中毒的病人，多是吃了未加热的隔夜的肉食或者海鲜，也有着相似的症状，如恶心，呕吐等。

(1)食物中毒的应急处理方式如下。

①催吐。

如果吃下去的时间在1～2小时内可用催吐的方法。立即取食盐20克，加开水200毫升，冷却后一次喝下，如果不吐，可多喝几次，迅速促进呕吐。亦可用鲜生姜100克，捣碎汁用200毫升，温水冲服。如果吃下去的是变质的荤食品，则可服用"十滴水"来促使迅速呕吐。有的还可用筷子、手指或鹅毛等刺激咽喉，引发呕吐。

②导泻。

如果吃下去的中毒食物时间较长，已超过2～3小时，而且精神较好，则可服用些泻药，促使中毒食物尽快排出体外。一般用大黄30克，一次煎服，老年患者可选用元明粉20克，用开水冲服，即可缓泻。老年体质较好者，也可采用番泻叶15克，一次煎服，或用开水冲服，也能达到导泻的目的。

③解毒。

如果是吃了变质的鱼、虾、蟹等引起的食物中毒，可取食醋100毫升加水200毫升，稀释后一次服下。此外，还可采用紫苏30克、生甘草10克一次煎服。若是误食了变质的饮料式防腐剂，最好的急救方法是用鲜牛奶或其他含蛋白质的饮料灌服。

如果经上述急救，症状未见好转，或中毒较重者，应尽快送医院治疗。在治疗过程中，要给病人以良好的护理，尽量使其安静，避免精神紧张，注意休息，防止受凉，同时补充足量的淡盐水。控制食物中毒关键在预防，即搞好饮食卫生严把“病从口入”关。

(2)为了预防食物中毒，必须要做到以下几点。

①必须养成吃饭先洗手和下班进门回家先洗手的好习惯。

②防止生食与熟食交叉污染，应该将生食和熟食的刀板、抹布、容器分开，对鲜榨果汁等直接入口的食品更要注意卫生。

③食物必须充分烧熟煮透，尤其是肉类、鱼类和海产品。

④不要将食物在室温下存放太久。比如熟食的卤味、沙拉、肉汤和蛋糕等，最好很快吃完。

⑤食物要保管好，防止昆虫的叮咬。

第三节　触　电

触电是指电流通过人体与地面接触形成回路或者在高压电、超高压电的电流场作用下，电流击穿其他介质或者空气并对人体产生直接伤害，引起心脏骤停。2毫安以下的电流通过人体，仅产生麻感，对机体影响不大。8～12毫安电流通过人体，肌肉自动收缩，身体常可自动脱离电源，除感到“一击”外，对身体损害不大。但超过20毫安即可导致接触部位皮肤灼伤，皮下组织也可因此炭化。25毫安以上的电流即可引起心室纤颤、导致循环停顿而死亡。触电是日常生活中较为常见的意外伤害，能否及时有效的实施心肺复苏，成为紧急救助成功的先决条件。

进行触电急救，应坚持迅速、就地、准确、持续的原则。触电急救必须分秒必争，立即就地迅速用心肺复苏法进行抢救，并坚持不断地进行，同时及早与医疗部门联系，争取医务人员接替救治。在医务人员未接替救治前，不应放弃现场抢救，更不能只根据没有呼吸或脉搏擅自判定伤员死亡，放弃抢救。只有医生有权做出伤员死亡的诊断。

触电急救的步骤如下。

(1)首要任务是使伤者快速脱离电源。

①触电急救，首先要使触电者迅速脱离电源，越快越好。因为电流作用的时间越长，伤害越重。

②脱离电源就是要把触电者接触的那一部分带电设备的开关、刀闸或其他短路设备断开；或设法将触电者与带电设备脱离。在脱离电源中，救护人员既要救人，也要注意保护自己。

③触电者未脱离电源前，救护人员不准直接用手触及伤员，因为有触电的危险。

④如触电者处于高处，解脱电源后患者会自高处坠落，因此，要采取预防措施。

⑤触电者触及低压带电设备，救护人员应设法迅速切断电源，如拉开电源开关或刀闸，拔除电源插头等；或使用绝缘工具、干燥的木棒、木板、绳索等不导电的东西解脱触电者；也可抓住触电者干燥而不贴身的衣服，将其拖开，切记要避免碰到金属物体和触电者的裸露身躯；也可戴绝缘手套或将手用干燥衣物等包起绝缘后解脱触电者；救护人员也可站在绝缘垫上或干木板上，绝缘自己进行救护。为使触电者与导电体脱离，最好用一只手进行。如果电流通过触电者入地，并且触电者紧握电线，可设法用干木板塞到身下，与地隔离，也可用干木把斧子或有绝缘柄的钳子等将电线剪断。剪断电线要分相，一根一根地剪断，并尽可能站在绝缘物体或干木板上。

⑥触电者触及高压带电设备，救护人员应迅速切断电源，或用适合该电压等级的绝缘工具(戴绝缘手套、穿绝缘靴并用绝缘棒)解脱触电者，见图 7-1。救护人员在抢救过程中应注意保持自身与周围

带电部分必要的安全距离。

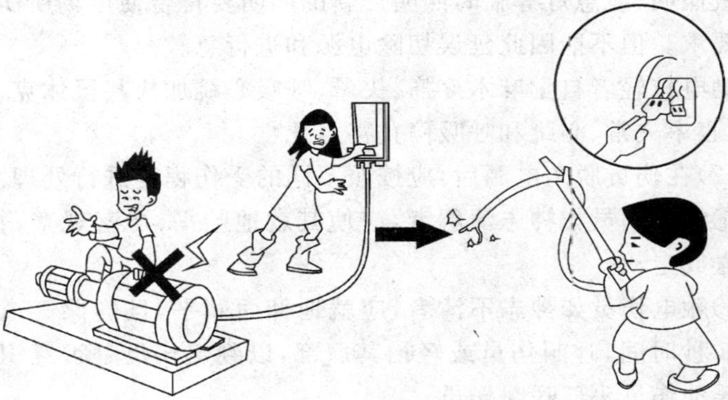

图 7-1　断开电源

⑦如果触电发生在架空线杆塔上，如系低压带电线路，若可能立即切断线路电源的，应迅速切断电源，或者由救护人员迅速登杆，束好自己的安全皮带后，用带绝缘胶柄的钢丝钳、干燥的不导电物体或绝缘物体将触电者拉离电源；如系高压带电线路，又不可能迅速切断电源开关的，可采用抛挂足够截面的适当长度的金属短路线方法，使电源开关跳闸。抛挂前，将短路线一端固定在铁塔或接地引下线上，另一端系重物，但抛掷短路线时，应注意防止电弧伤人或断线危及人员安全。不论是何级电压线路上触电，救护人员在使触电者脱离电源时要注意防止发生高处坠落的可能和再次触及其他有电线路的可能。

⑧如果触电者触及断落在地上的带电高压导线，且尚未确证线路无电，救护人员在未做好安全措施（如穿绝缘靴或临时双脚并紧跳跃地接近触电者）前，不能接近断线点至 8～10 米范围内，防止跨步电压伤人。触电者脱离带电导线后亦应迅速带至 8～10 米以外后立即开始触电急救。只有在确证线路已经无电，才可在触电者离开触电导线后，立即就地进行急救。

⑨救护触电伤员切除电源时，有时会同时使照明失电，因此应考虑事故照明、应急灯等临时照明。新的照明要符合使用场所防火、防爆的要求。但不能因此延误切除电源和进行急救。

触电较轻者自觉麻木疼痛、头晕、呼吸心跳加快甚至休克。重者骨折、心率失常、心跳和呼吸停止甚至死亡。

(2)在伤员脱离电源后，应按照不同的受伤程度进行处理。

①触电伤员如神志清醒者，应使其就地躺平，严密观察，暂时不要站立或走动。

②触电伤员如神志不清者，应就地仰面躺平，且确保气道通畅，并用5秒时间，呼叫伤员或轻拍其肩部，以判定伤员是否意识丧失。禁止摇动伤员头部呼叫伤员。

③触电伤员如意识丧失，应在10秒内，迅速按照“C—A—B”的顺序(前述第六章第二节)进行心肺复苏抢救。

第八章　突发急症的紧急救助

第一节　中　暑

中暑是指在酷热环境下，人体无法散发体内过量的热而导致的体温上升。中暑一般表现为皮肤潮红、干燥、无汗；体温升高、可达40摄氏度以上；脉搏加快；神志不清甚至休克。在现场救护时，应做到：

(1)立即将患者移至阴凉通风处，平躺，松解衣扣。

(2)给患者饮用清凉饮料，如茶水、绿豆汤、淡盐开水等。症状严重者，切忌狂饮，采用少量多次的方法，每次以不超过300毫升为宜。尽快进行物理降温，用凉水加少量酒精擦洗全身，头部可放置冰袋或冷水毛巾，也可用电风扇向其吹风以加速散热。

经过上述处理，如症状仍无改善时，志愿者应该迅速呼叫120。

中暑一般是由高温引起的。我国通常将35摄氏度定为高温，此时会发布黄色高温预警信号；37摄氏度时发布橙色信号；40摄氏度时发红色信号。

高温警报的时候，老弱者在高温期间应尽量减少外出，适当多吃些清凉的饮料与水果等。服用温凉的淡盐开水是预防和应急处置中暑先兆的简单有效的方法。而且应保持充足的睡眠，注意合理的饮食，适当补充营养。因高温而感到不适的人，可以服用人丹或者十滴水，也可以在额头、太阳穴及鼻头涂些清凉油。

第二节　休　克

休克是一种由于有效循环血量锐减、全身微循环障碍引起重要生命器官(脑、心、肺、肾、肝)严重缺血、缺氧的综合征。其典型表现是面色苍白、四肢湿冷、血压降低、脉搏微弱、神志模糊。引发休克的因素主要是通过血量减少,心输出量减少及外周血管容量增加等途径引起有效循环血量剧减、微循环障碍,导致组织缺血、缺氧,代谢紊乱,重要生命器官遭受严重的、乃至不可逆的损害。

休克分如下类型。①失血性休克。急性失血超过全身血量的20%(成人约800毫升)即发生休克,超过40%(约1600毫升)濒于死亡。严重的腹泻、呕吐所致休克亦属此类型。②心源性休克。由急性心脏射血功能衰竭所引起,最常见于急性心肌梗死,死亡率高达80%。③感染性休克。主要见于严重的细菌感染和败血症,死亡率为30%～80%。④过敏性休克。发生于具有过敏体质的患者。致敏原刺激组织释放血管活性物质,引起血管扩张,有效循环血量减少而发。常见者如药物和某些食物(菠萝)等过敏,尤以青霉素过敏最为多见,严重者数分钟内不治而亡。⑤神经源性休克。剧烈的疼痛刺激、高位脊髓麻醉或者损伤,通过神经反射引起周围血管扩张,血压下降,脑供血不足,导致急剧而短暂的意识丧失,类似于晕厥。有时虚脱与休克相仿,但虚脱的周围循环衰竭发生突然,持续时间短,尤在及时补液后可迅速矫正,主要发生于大量失水、失血和大汗时。休克的死亡多由于肾、心、肺功能衰竭所致。休克的一般处理包括患者平卧,全身保暖,尽量少搬动,吸氧,尽量静脉输液以扩充血容量等,同时还应针对不同类型的休克采取相应的治疗方式。及时诊断、积极治疗引起休克的病因是防止休克发生的最有效措施。

在发现有人休克时,志愿者应保持冷静,采取如下急救措施。

(1)让患者处于平卧位,下肢应略抬高,以利于静脉血回流。如有呼吸困难可将头部和躯干抬高一点,以利于呼吸。

(2)保持呼吸道通畅,尤其是休克加上昏迷者。方法是将病人颈部垫高,下颌抬起,使头部最大限度的后仰,同时头偏向一侧,以防呕吐物和分泌物误吸入呼吸道。

(3)注意给体温过低的休克病人保暖,盖上被子、毛毯。发高烧的感染性休克病人应给予降温。

(4)必要的初步治疗。因创伤骨折所致的休克给予止痛,骨折固定;烦躁不安者给予适当的镇静剂;心源性休克给予吸氧等。

(5)注意病人的运送。在抢救条件有限的情况下需尽快送往有条件的医院抢救。对休克病人搬运越平稳、越少越好,应送到离家最近的医院。在运送途中,应有专人护理,随时观察病情变化,最好在运送中给病人采取吸氧和静脉输液等急救措施。

第三节　窒　息

窒息按发生的原因可分为两类,一类是阻塞性窒息,另一类是吸入性窒息。伤员如发生呼吸困难或窒息,应迅速判明原因,采取相应措施,积极进行抢救。

1. 阻塞性窒息的原因

(1)异物阻塞咽喉部。损伤后口腔和鼻咽部如有血凝块、呕吐物、游离组织块或异物等,可以阻塞咽喉部造成窒息,特别是昏迷伤员更易发生。

(2)组织移位。下颌骨颏部粉碎性骨折或双发骨折时,由于口底肌群的牵拉,可使舌后坠而阻塞呼吸道。上颌骨骨折时,骨折段向下后方移位,也可阻塞咽腔而引起窒息。

(3)肿胀压迫。口底、舌根、咽侧及颈部损伤后,可因血肿或组织水肿压迫呼吸道而发生窒息。

窒息救治的关键是早期发现与及时处理。如发现伤员有烦躁不安、面色苍白、鼻翼翕动、口唇发绀、血压下降、瞳孔散大等呼吸困难或窒息症状时，则应争分夺秒进行抢救。

2. 对阻塞性窒息的急救措施

(1)因血块及分泌物等阻塞咽喉部的伤员，应迅速用手掏出或用塑料管吸出阻塞物，同时改变体位，采取侧卧或俯卧位，继续清除分泌物，以解除窒息。必要时采用海姆利克急救法。

(2)因舌后坠而引起窒息的伤员，应在舌尖后约 2 厘米处用粗线或别针穿过全层舌组织，将舌牵拉出口外，并将牵拉线固定于绷带或衣服上。可将头偏向一侧或采取俯卧位，便于分泌物外流。

(3)上颌骨骨折段下垂移位的伤员，在迅速清除口内分泌物或异物后，可就地取材采用筷子、小木棒、压舌板等，横放在两侧前磨牙部位，将上颌骨向上提，并将两端固定于头部绷带上。通过这样简单的固定，即可解除窒息，并可达到部分止血的目的。

(4)咽部肿胀压迫呼吸道的伤员，可以由口腔或鼻腔插入任何形式的通气导管，以解除窒息。如情况紧急，又无适当通气导管，可用 15 号以上粗针头由环甲筋膜刺入气管内。如仍通气不足，可同时插入 2～3 根，随后作气管造口术。如遇窒息濒死者，可紧急切开环甲筋膜进行抢救，待伤情缓解后，再改作常规气管造口术。

3. 吸入性窒息

吸入性窒息是由于直接将血液、涎液、呕吐物或其他异物吸入气管、支气管甚至肺泡内而引起。对吸入性窒息的伤员，应立即进行气管造口术，通过气管导管，迅速吸出血性分泌物及其他异物，恢复呼吸道通畅。这类伤员在解除窒息后，应严密注意防治肺部并发症。

第四节 糖尿病

糖尿病是现代疾病中的第二杀手，对人体的危害仅次于癌症。

1. 酮症、酮症酸中毒导致糖尿病昏迷的诱因、症状及急救方式

(1)酮症、酮症酸中毒导致糖尿病人昏迷的诱因

糖尿病以外伤害的急性感染;吃含糖分、脂肪过多食物或服用胰岛素量不足或中断;大呕吐、大泻及饥饿;心肌梗死;过度疲劳、紧张及妊娠。

(2)酮症、酮症酸中毒导致糖尿病昏迷的症状

原有糖尿病症状加重,如厌食、口渴、尿多、疲乏、恶心呕吐、全身疼痛、头痛、头晕,甚至呼气有烂苹果味、血压下降、心跳加快、呼吸困难、不省人事等。后期病者呈严重失水、尿少、皮肤干燥、眼球下陷、声哑、血压下降、四肢发凉,晚期各种反射消失或减弱,昏迷等。

(3)酮症、酮症酸中毒导致糖尿病昏迷的急救方法

①病人绝对安静卧床,保持口腔、皮肤清洁,防止感染。

②补液。用生理盐水 1000～2000 毫升静脉点滴,以补充血容量,改善血循环、肾功能和防低血糖。根据血压、心率、尿量决定给液速度。在医生指导下进行。

③轻症,上午尿中有酮体时,可在晚餐前加大胰岛素的剂量。

④如因饥饿引起酮症,应口服葡萄糖。

⑤因精神过度紧张时,可临时给肌肉注射胰岛素 20 单位。

⑥如因感染引起者应控制感染。

⑦应速送医院及时诊治。

2. 低血糖导致糖尿病昏迷的诱因、症状及急救方式

(1)低血糖导致糖尿病昏迷的诱因

①糖尿病的药物治疗有口服降血糖药或注射胰岛素两种方法。其结果都易使血糖降低。但如果运用不当,使血糖下降过多的话,就会引起低血糖的发生。

②如果病人因为各种原因食欲不好,或根本未进食,腹泻、呕吐不止,但还按照平时的水平服用降血糖药或注射胰岛素的话,不但出

现低血糖反应，严重者还可引起低血糖昏迷。

(2)低血糖导致糖尿病昏迷的症状

①先有心慌、冷汗、恶心的感觉，后逐渐昏睡，呼之不应。

②早晨起床时叫不醒，浑身发凉，可见出冷汗，但没有发现明显的生命体征的不正常。

③有糖尿病史，口服降糖药，近几天进食不正常，或腹泻、呕吐、感冒发烧，逐渐出现意识障碍、神志恍惚，发展为昏迷。

(3)低血糖导致糖尿病昏迷的急救方法

以往有糖尿病史，突然昏迷，又找不到其他病因，首先怀疑糖尿病昏迷，可按昏迷的急救原则急救。

①病人平卧头侧向一边，保持呼吸道通畅，清除呕吐物，防止误吸引起窒息。

②细心观察病情变化，一旦发现呼吸停止，立即进行人工呼吸。

③迅速呼叫"120"急救电话，将病人迅速送往医院急救。

3. 糖尿病昏迷急救要点

由于糖尿病引起的昏迷，除了低血糖的原因外，血糖显著升高还可引起高渗性昏迷，因此在昏迷原因不清楚时不要随便给病人喂食糖水，以免加重病情。而且给意识不清的病人喂糖水容易造成呛咳甚至窒息。

(1)过去有糖尿病史，突然昏迷，又找不到其他病因，首先怀疑糖尿病昏迷。

(2)按昏迷的急救原则处理：保持呼吸道通畅，防止呕吐物误吸。

(3)呼叫"120"急救人员，将病人送到医院，首先要检查血糖，以确定病情治疗方向。

(4)不要随便给昏迷病人喂食糖水以免造成呛咳甚至窒息。

第五节 猝死

猝死(Sudden death)又称突然死亡,是一个临床综合征,指平素看来健康或病情已基本恢复或稳定者,在很短时间内突然发生意想不到的非创伤性死亡,往往来不及救治,属于临床急症。一般以症状出现到死亡历时多长时间定为“猝死”的标准,目前意见尚不统一。世界卫生组织(WHO)定为6个小时以内。由于“猝死”的高峰多发生在发病后1小时内,因此心脏病专家将发病后1小时内死亡定为“猝死”的标准,一般不超过6小时。

人“猝死”前无明显预兆,或发生在正常活动中,或在安静睡眠中。有些患者以前有过心绞痛发作史,心绞痛又突然加剧,表现为面色灰白,大汗淋漓,血压下降,特别是出现频繁的室性早搏,这一切都是“猝死”的先兆。此外,有时还会出现原来没有的症状,如有明显的疲乏感、心悸、呼吸困难、精神状态突变等,随后,由于心搏骤停,又表现为神志不清、高度发绀、痉挛、瞳孔固定而散大,或出现几次喘息样呼吸而进入临床死亡。以上症状如不及时发现、不及时进行心肺复苏抢救,病人将很快(4~6分钟)进入不可逆的生物学死亡。

大量临床病例提供的资料显示,猝死的原因主要是由于心脏疾患所引起,故又称“心源性猝死”。其中冠心病最为常见,其次为心肌炎、原发性心肌病、风湿性心脏病、原发性心室颤动、心室停搏,其他如QT间期延长综合征、室性早搏、室性心动过速、二尖瓣脱垂综合征、先天性心脏病等心脏疾患,都可导致心脏突然停止有效收缩,造成全身供血严重不足。因时间较短,患者一般得不到及时的抢救,以至死亡。

“猝死”多数在家中或正常工作中发生,因此,争分夺秒,及时的现场救护就显得非常重要,往往能挽救生命。一旦发现猝死病人,应立即使其平卧在床上或地上,严禁搬动,马上进行心肺复苏术,即叩击心前区、胸外心脏按压、口对口人工呼吸等，并速请附近医院医护人员前来救治。只有当病人呼吸、心跳恢复后，才能以妥善的方式护送到医院继续治疗。心肺复苏后，结合患者的临床表现，还可采用药物、同步直流电等技术尽快恢复其心率、血压和心肺功能，并保证呼吸道的通畅，预防感染。

第六节 癫痫

癫痫俗称羊角风，是一种不定期反复发作的大脑功能失常。癫痫患者发作时应注意以下事项：

(1)保护舌头，最好抢在出现先兆症状时先将缠有纱布的压舌板放在病人上下磨牙之间，防止咬破舌头。

(2)顺势让病人躺下，防止突然摔倒，伤到头部或身体。

(3)癫痫发作时呼吸道分泌物比较多，易造成呼吸道阻塞，应把病人头偏向一侧，方便分泌物流出，另外将病人颈部扣子解开，以保持呼吸道通畅。

(4)不要抓紧或制止患者抽搐，以免造成肌肉关节的人为损伤或骨折。

(5)发作后患者会有一段时间意识不清，此时要有人陪在患者身边，对患者进行呼吸、心率、意识的观察。如果患者发作时间持续 20 分钟以上或一次发作后意识恢复清醒前又发作第二次，一定要抓紧时间送到医院治疗。

第九章　突发事故的紧急救助

随着我国城市化建设步伐不断加快，火灾、水灾等突发事件发生的可能性不断加大。在政府专业救援力量有限的情况下，组织志愿者队伍开展自救互救，是赢得生命、赢得时间，有效地减轻灾害造成的伤亡和财产损失的重要途径之一。但是目前组织灾害应急救援志愿者队伍的工作还相对滞后。

应急志愿服务具有志愿、无偿、公益、多样的特点，是一项急迫性、危险性、专业性极强的工作。因此应急志愿者队伍成员应具有高度奉献精神并掌握必备的专业技能。同时，还要适时对成员进行奉献爱心与专业技能的培训。主要进行团结互助、吃苦耐劳、无私奉献精神等引导教育；强调帮助他人、服务社会，是传递爱心、传播精神文明和构建和谐社会的行动等观点，使他们在危险时刻能够挺身而出，自觉投身到抗灾救援的行动中。专业技能培训主要进行消防灭火及报警常识、现场医疗急救技术、灾害自救互救等培训。消防灭火及报警常识培训主要是学习防火知识、灭火知识、火场逃生与急救、消防器材的使用、遇到火灾的报警办法等。

必要的应急救援器材与设备，主要分为两类：个人救生器材，公用救灾器材与设备。个人救生器材主要包括安全帽、防毒面具、防火衣服、安全带、通信工具等；公用救灾器材与设备主要包括灭火器、急救药品、担架、照明器材、指挥器材、喊话器、急救帐篷、运输车辆等。个人救生器材通常由个人保管，取用方便。公用器材保管要有专门的器材库，指定专人保管，定期进行维护，做到定人、定点、定位，使救援器材始终保持良好的状态，确保取得出、联得通、用得上。同时，救援器材要按照灾害的等级进行相应的储备，满足不同灾害应急救援的需要，以提高抢险救灾的速度与效率。

第一节 突发火灾

火灾，是指在时间或空间上失去控制的燃烧所造成的灾害。在各种灾害中，火灾是最经常、最普遍地威胁公众安全和社会发展的主要灾害之一。

消防专家称，火灾中的遇难者很多并不是被火烧死，而是吸入了过量有毒烟气中毒窒息而死。这主要是因为消防普及工作不到位，人们缺乏消防知识，不知如何逃生导致的。为了避免悲剧的发生，应急志愿者应该学会如何引导火灾现场人员逃生，如何救助火场中的受伤人员。

室内火灾现场人员比较多，有时候人员的密度很高，逃生通道狭窄。一旦发生火灾，容易造成人员拥挤，如果处理不当，很容易发生踩踏事故。而火灾发生时往往会跳闸停电，暗淡的光线会给救援造成很大的困难。因此救助时必须冷静，只有保持清醒的头脑，才能掌握主动。

(1)志愿者在面对室内火灾救援时，应大致遵循以下的步骤：

①组织人群有序的从安全出口疏散，并及时拨打火灾报警电话119。

②组织发生火灾的高层建筑内人员疏散的时候，应尽快了解到底是几楼、什么部位发生了火灾，火势如何，要及时用扩音器、广播告知被困人员下列信息：着火的楼层；安全疏散的路线和方法，以便被困的人员迅速安全的逃生。

③安全出口被火焰和浓烟封住，短时间内无法疏散的时候，应该积极寻找多种逃生方法，如选择建筑物预设的缓降器、落水管等

逃生。

④如果某楼层的大火已经将楼梯间封住，则应将被困人员先疏散到屋顶，再从相邻的未着火的楼梯间朝地面疏散。

⑤在逃生过程中要防止中毒，应尽量避免大声呼喊，并用水打湿的衣物、毛巾或餐巾纸等捂住口鼻，尽量采用低姿行走，甚至匍匐爬行的方式，减少有毒烟气对人体的伤害。

⑥利用建筑物的阳台、走廊、避难层、室内设置的缓降器、救生袋等组织逃生。

⑦利用房间内的窗帘、床单等物品连接起来，组织逃生。

(2)面对突发火灾有以下注意事项：

①应选择疏散通道、疏散楼梯、屋顶和阳台逃生。

②如果从门逃生，应马上关闭房门，如果房门已经发热，就不能从门逃生，否则会有危险。

③尽量往下面跑，为了防止烟雾中毒，可用湿毛巾等捂住口鼻，如果楼梯被火焰封住，应用湿棉被等物蒙着身体迅速冲出去。

④不要乘坐普通的电梯，因为很可能被困在其中。

⑤当身上着火时，不要跑或者用手拍打，应立刻把着火的衣服脱掉，或者就地打滚压灭火苗。

(3)为了预防火灾的发生，必须对防火灭灾有一定的常识认识和了解，大体来说，预防火灾事故要做到以下几点：

①定期检查燃气管道安装是否牢固，软管与密封圈是否老化，管道与阀门是否漏气，燃气使用时要打开排风扇或者保持通风状态良好，养成“用时有人在，用后随手关”的习惯。

②防止家中电线老化，电器线路超负荷使用，不宜同时使用多种大功率电器。照明器具不能离可燃物太近，电器用过之后要随手关闭。

③家中不要存放汽油、酒精灯等易燃易爆物品，必须要储备使用，也一定要放在远离明火、通风良好的安全处，避免引起火灾。

④吸过的烟头一定要踩灭，不要躺在床上或在沙发上抽烟，点燃的蜡烛和蚊香也不能靠近窗帘、蚊帐。

⑤教育儿童不能乱动燃气、电器的开关及阀门，将火柴、打火机等放在儿童拿不到的地方。

⑥香水、花露水、指甲油、白酒、灭蚊剂等危险生活用品要妥善保存好，他们遇到火种也会导致火灾甚至发生爆炸。

(4)如果身处火场，不用惊慌，掌握以下自救常识，有助于顺利逃出火场：

①当听到报警器响或者闻到烟味，室内人员无法灭火的时候要迅速逃生。此时必须低着身子走出房门，离开火场，立即报警与呼救。

②防止吸入有毒烟雾的简便措施，是用湿毛巾等物品捂住口鼻，身体尽量贴近地面，沿墙壁摸索行进。

③在逃生过程中极容易发生争抢逃生路线，相互倾轧践踏，不能只为自己逃生而出现不道德的行为，避免造成不必要的伤亡。

④进火场救人的时候，在条件允许的情况下，可以用浸过水的绳子拴在腰部，绳子的另外一头由火场外面的人拿着，方便外面的人把救人者和被救者拉出来。找到被救人员之后应该迅速离开火场进行救治。房屋将要倒塌的时候，不可冒险进入火场。

第二节　地　震

地震，又称地动、地振动，是地球上经常发生的一种自然现象。由于地壳运动引起的地球表层的快速震动，地壳快速释放能量过程中造成的震动，期间会产生地震波，也是地壳运动的一种特殊表现形式。地震往往发生得很突然，对生命和财产造成的损害极为严重，受灾的面积也大。地震对人造成的伤害主要是因为房屋倒塌造成人体砸伤、压伤，头颅、胸腹、四肢、脊柱均可受伤，地震发生时，志愿者首先应进行震区人员疏散。

(1)在疏散的时候,要注意以下几点。

①应迅速脱离险境,从危房中撤出,到开阔的地方。

②防止火灾的发生,迅速关闭煤气开关,切断电源、火源。

③撤离教室或者公共场所,防止拥挤造成的伤害,避开不稳定的物品和易倒塌的建筑物。

(2)地震之后,首先要根据现场的情况和条件,采取因地制宜的方法对被困人员进行救助。

①要准确判断被困人员的位置,根据建筑物倒塌的特点进行综合分析,判断他们被埋的位置。

②要通过人工喊话、敲击,听听有无被埋者的回应。

③根据被埋者家属、同事或者邻居的线索寻找。

④用机械在周围扒挖,要力求分清支撑物和埋压物,尽量保护支撑物。

⑤尽早让封闭空间与外界沟通,以便新鲜空气进入。

⑥接近被埋者的时候要谨慎使用机械和锐利的工具,以免对被埋者造成二次伤害。

⑦先救近处的人,先救容易救的人。

⑧先将被埋者的头部暴露,清除其口鼻中的异物。

⑨扒挖其他部位,要在被困人员全身暴露出来之后再抬出来,不可强拉硬拖。

(3)在地震发生以后,往往对人们造成不同程度的伤害,常见的有以下几种类型。

①机械性外伤,指的是人们被倒塌体及其各种设备的直接砸击、挤压所致的损伤,一般占到地震伤害的95%～99%,其中,骨折占到全部损伤的55%～64%,软组织损伤占到12%～32%,其余为内脏损伤或者其他损伤。地震伤死亡的原因主要是创伤性休克。

②埋压窒息伤,指的是人们在地震中被埋压,从而发生窒息。

③烧伤与冻伤，前者是地震引发火灾和爆炸导致，后者是地震发生在严冬时，取暖防寒设施不足所导致。

(4)志愿者要掌握现场的基本情况，如房屋的倒塌程度，可能的受伤人数和地点，将伤员先转移到比较安全的地方，再对之进行现场救护。如果伤员较多，就要根据伤者的受伤程度、部位、生命体征变化情况进行伤员分检和分类，按照急重症患者优先的原则进行救护和向医院转送。包括以下方面。

第一，志愿者要保持冷静，配合救援人员寻找伤者；第二，在黑暗的状态下被困人员获救时，眼睛要用遮光布蒙上；第三，抢救出的伤员要分轻重缓急进行急救处置和转送；第四，无论是什么情况下，都要保持伤者的呼吸道通畅，如果伤者呼吸和心跳停止，要立即实施人工呼吸；第五，开放伤要进快清除伤口周围的泥土，用敷料或者其他洁净的物品包扎和止血；第六，四肢骨折者要先固定关节，再转送医院；第七，严重饥渴的人，要让他们缓慢进水，进食。

(5)在地震发生之前、之后，人们都可以进行自救，掌握地震自救知识对危机时刻的生存很有帮助。

如果在室内，发现有临震预兆，比如地光、地声等，应迅速拉断电闸、关闭煤气阀等。随即头戴安全帽或者顶着枕头、脸盆等物，携带“抗震包”迅速离开住房到安全场所。

正在地震的时候，要先躲避、后逃生。躲避的时候不要在房子中央，要躲在坚固的墙角、桌旁、床旁、沙发旁，也可考虑躲到面积较小、有较好支撑的厨房、卫生间等处。头和身子应戴好或者盖好保护物。在摇晃停止的时候可出门逃生，但是不要乘电梯，应走楼梯。

如果在室外，要选择开阔的地方蹲下或者趴下，以免摔倒；要避开高大的建筑物，特别是有玻璃幕墙的建筑物，也不要停留在过街桥、立交桥的上面或者下面；而且要注意避开变压器、电线杆、路灯、广告牌、吊车等物。如果在公共场所，不要慌乱的涌向出口，避免被挤到栅栏处或者被挤倒、践踏，应就地蹲下或者趴在附近的椅子、桌子下，避开吊灯、电扇等悬挂物，用包、衣服等保护头部。在行驶的公交车内，不要跳车，要抓牢扶手，躲在座椅附近，待地震停止再下车。

地震之后，要克服恐惧心理，坚定生存的信念。如果身体被重物压住，要设法将双手抽出，先清除头部、胸前的杂物和口鼻附近的尘土，保障呼吸的畅通，防止被灰尘窒息；闻到煤气、毒气的时候，要用湿物捂住口鼻；不幸被困在废墟的时候，要保持体力，不要盲目哭喊呼叫，待听到人声的时候，用石块等物敲击响物或者传递其他信号。

第三节 突发水灾

严重的水灾经常发生在江河湖海沿岸以及低洼地区，暴雨、山洪、海啸在短期内造成水位迅速的上涨，使得建筑物、农田被淹。水灾中，人们容易遇到各种各样的伤害，如溺水窒息、建筑物倒塌、漂浮物致伤、遭受洪水浸泡而饥寒交迫等。当然，水灾发生后一般会有政府部门组织社会各方力量进行救援，但志愿者也要知道如何配合灾难救援。

水灾发生时，要根据情况，对被困人员进行救助，及时撤离危险区域，确保生命安全。

(1)将人员转移到安全地带避难，如果来不及转移，可暂时先到较高处避险。

(2)救出的伤者要迅速及时的清除口腔、鼻腔里面的泥沙等杂物。

(3)准备食物、保暖衣物、药品、通信设备、手电筒、哨子和色彩鲜艳的物品。

(4)如果伤者呼吸停止、心跳停止应立即实施人工呼吸。

(5)大出血的伤员要及时止血，骨折的伤员要迅速固定伤处。

(6)如果水位不断上涨，要准备逃生工具，如床板、箱子等，最好用绳子将他们固定在一起，制造简易的水筏。

(7)防范毒蛇、毒虫的咬伤，防止电击伤。

第四节 被困电梯

一般而言电梯的安全系数是比较高的，但不能排除因为停电或者其他机械故障导致人员被困在电梯内的可能。被困电梯或者其他封闭场所的人员由于紧张会产生心理恐惧，严重时也会发生人身伤害事故。如果发现有人被困电梯或者其他封闭场所，应立即采取措施对他们进行紧急救助。志愿者应先安抚被困人员，使他们克服恐惧心理，安心等待专业的救援。

(1)发生停电、电梯机械故障的时候，应确认电梯内是否有人，可使用电梯内的电话或者对讲机了解情况，也可以拍打电梯门，再听听是否有回应。

(2)如果发现电梯里面有人，要稳定他们的情绪，了解故障的原因。

(3)被困人员如果不能被立即救出，应采取措施向密闭的空间输送氧气或者新鲜空气，确保被困人员不发生窒息，同时立即通知专业人员前来救援。

在这些过程中，注意不要强行扒门，也不要砸碎天棚救助，更不要剧烈晃动电梯，以免发生危险。

第十章　大型活动突发危险的紧急救助

随着社会经济的发展，人民生活水平的提高，各种假日活动、庙会、展销会、博览会层出不穷。这种活动有两个特点，一是人员流动性大，二是人员集中，常造成一定的安全隐患。一旦发生突发事件，当人员较为集中的时候，前面有人摔倒，后面的人没有止步，人群受到惊吓，出现惊慌失措的失控局面，或者人群过于激动而出现拥挤和骚乱的时候，容易引发踩踏事故，造成人员伤亡和恶劣的社会影响。因此，大型活动期间要提高安全意识，保证人员和财产的安全。

第一节　成人观众走散请求寻人

在大型场馆中，由于观众较多，有可能发生成人观众（有独立行为能力的人）走散的情况，观众请求协助寻找或广播寻人。首先，为防止这样的事情发生，必须先做好活动前预防措施。在活动前宣传和安检/检票区的扩声系统设备中，应建议观众在进入场馆时与同伴约定一个集合地方（例如观众服务信息亭），以防走散。

出现走散情况之后，应该迅速采取行动。应急志愿者接到寻人请求，应注意安抚群众，了解实际情况，对事件做出判断，确认是否是成人观众走散事件。接下来，应急志愿者应向信息通报中心询问，是否接到此类报告，说明寻人观众及其走散同伴的姓名；若信息通报中心尚未接到报告，可告知观众场馆内暂不能使用广播寻人，并提出解决建议。比如在走散地点等待 15 分钟。若未等到，建议观众在比赛结束后前往场馆出口处等候，并向观众说明：比赛结束后，场馆会清场，全部观众都必须从出口离开场馆。如果场馆有两个出口，届时观众可请求附近工作人员使用集群电话确认另一出口是否有走散同伴在等候。另外也可在场馆公共区等候，若未等到，建议观众前往约定的集合地点等候。所有此类问题的处理都必须严格遵守上述步骤，方能确保走散观众最终能够会合。

第二节　发现可疑物品

大型活动一般参加的人较多、场地较大，如果有可疑物品进入场地，则会带来各种风险。因此，在活动前就必须做好宣传工作，使得观众注意不携带有危险性的物品。

在活动开始之后，应急志愿者应协助安保部门做好安检工作，加强对观众随身物品的检查工作，防止禁止性物品和限制性物品进入场地。

应急志愿者如果在场馆中发现观众遗留的包裹或无人看管的物品时，应首先判断是否为可疑物品。当然，无人看管物品并不一定是可疑物品（观众最容易遗失的物品通常包括太阳镜、手机、照相机、钱包、衣服、雨伞等），因此，可依据以下三点进行判断：①是否被藏匿；②是否明显值得怀疑；③其在所区域是否具有典型特征。若上述三点有任何疑问，均应视为可疑物品。如果是普通遗失物品，按照程序上缴处理即可，如果是可疑物品，就应指派专人在该物品附近监控并禁止他人接触，避免该物品发生倾斜或人员、运行移动；使周围人员与该物品保持至少 25 米距离；不能在该物品附近使用手机或集群电话；迅速报告安保部门，报告该物品情况时应准确描述其放置地点和基本特征。

第三节 遇到恶劣天气

在大型活动的时候，有可能会有恶劣天气的“打扰”，影响活动的顺利进行。比如在体育赛事中，如果天降小雨、中雨，竞赛继续进行，但是对观众观赛造成一定程度上的不利影响；或者天降大雨，竞赛继续进行，但是对观众的观赛造成重大的影响。应急志愿者应遵循负责部门的安排，在关键区域监控看台情况，并提示观众雨天路滑；如果比赛临近结束，及时联络交通部门，确保公交车辆能够准时到达；并通过体育展示的公共广播系统，提示观众雨天路滑，要求遵循工作人员的引导，人员有序退场，防止出现踩踏、摔（滑）倒、拥堵。如果天降冰雹或者暴雨，竞赛暂停，对观众的观赛造成重大影响。必须及时联系竞赛部门，核实比赛是否继续进行，并引导观众前往可供防雹或避雨的场所或者指挥观众服务人员引导观众就近避雨，并向观众发放雨衣；确定比赛停止之后，应通过扩音系统和小区短信等方式对观众避雨和比赛暂停给予提示。

第四节 高峰期间入场与退场观众数量巨大

在观众入场与退场的高峰期间，观众数量巨大，超过了场馆正常的容纳能力，大量观众排队、拥堵，引起观众情绪焦躁，甚至有可能出现踩踏事故。如果面对观众的简单抱怨，志愿者应对其进行适当的解释及安抚工作，并感谢对方配合工作；如果诸多观众大声抱怨，影响其他观众观赛或影响正常运行时，志愿者应及时制止并进行安抚和解释，如果有必要，根据观众的抱怨与投诉实际情况，按照抱怨与投诉的处理程序进行处理；如果观众态度恶劣、意欲动手，严重影响其他观众及场馆正常运行，志愿者通过集群电话或运行助理及时报告安保领域，由安保领域处理。

第五节　观众突发伤病事件

在大型活动中，经常会出现观众感到不舒服的情况。应急志愿者应具备基本的救护常识，以防出现重大事故。志愿者首先要安抚观众，了解实际情况，并视观众情况处理。如果观众能够自行走动，立即带领其前往最近的观众医疗站；如果观众不能走动，通过信息通报中心联络医疗领域，同时尽量安抚伤病情绪。当医疗站的医护人员赶到时，听从专业人员的指挥，协助处理伤患。如果观众突然受伤或病发，情况严重，无法走动，工作人员一旦发现此种情况，立刻设法联系应急部门，派出现场医护人员或者迅速联系医疗机构，同时尽快告知本区域主管或助理到现场。现场的应急志愿者要保持冷静和积极的心态，告知观众医疗专业人员将会很快到达，并注意维持好现场秩序，让观众不要围观，不要随意移动伤患，保证通风。如果应急志愿者有经过急救培训、取得急救资质，可以对伤患做必要的先期处理措施。当医疗站的医护人员赶到时，听从专业人员的指挥，协助处理伤患。

第六节　观众发生口角或肢体冲突

在大型活动中，经常可见观众发生口角、纠纷甚至是肢体冲突。应急志愿者应对这类情况有心理准备，并在面对此种情况时，想方设法平静双方情绪，缓解事态。

发现有观众发生冲突的，应迅速上前询问情况，安抚双方的情绪。如果有必要，应联系区域负责人前来处理。如果冲突严重、短时间内无法解决的，应急志愿者应该迅速通知区域负责人乃至安保部门相关人员前来处理，设法将双方分开，并考虑是否可以调换门票，尽量将双方的注意力转移。应急志愿者还应注意分散群众，让大家不要围观，以防出现其他意外事故。如果观众发生肢体纠纷并产生受伤流血现象，应急志愿者还应运用自己的包扎、固定等救援知识对观众进行现场救援处置。

第七节　踩踏事故

在空间有限，而人群相对集中的场所如体育场馆、影院、酒吧、狭窄的街道、楼梯等，遇有突发情况，容易发生踩踏事件，人们相互踩踏多数造成软组织伤及外伤，严重的可导致骨折、窒息甚至死亡。而在这样的情况下，应急志愿者应提醒观众注意以下几点。

(1)尽量不要拥挤到人多的地方。

(2)提高警惕，注意观察环境，比如安全出口的位置。

(3)身处混乱的时候，一定要双脚站稳，尽量抓住身边的牢固物体。

(4)发现慌乱的人群向自己涌来，应快速躲到一旁，尽量靠着墙壁或者其他有支撑的物体边缘，等人群过去之后再离开。

(5)远离门口、楼梯和玻璃窗这些危险地点。

(6)在人群拥挤中前进的时候，要用一只手紧握另外一只手的手腕，双肘撑开，平放于胸前，微微向前弯腰，形成一定的空间，保持呼吸道通畅。

(7)如果倒地要想方设法的将身体缩成球状，双手紧扣，置于颈后，保护好头部、颈部、胸部和腹部。

第八节　化学恐怖伤害

近年来突发事件频繁出现，世界恐怖袭击事件逐年增多，在大型活动中，尤其有可能出现化学恐怖伤害，作为应急志愿者，应该对此有所了解。

化学事故有以下特点：①此类事故发生突然，救援困难。灾害性化学事故或化学恐怖事件的发生往往出乎意料，一旦发生，会在短时间内造成大量有毒有害气体的泄漏，引起爆炸、燃烧，产生的有毒气体可致人死亡，给救援工作造成极大困难。②此类事故扩散迅速，危害广泛。化学恐怖事件发生后，有毒有害气体通过扩散污染空气、道路、水源和设施，在短短几分钟内可广泛扩散，在短时间可出现大批有同样症状的伤病员。③化学事故污染环境，不易消除。化学恐怖事件发生后，由于化学毒性的作用可引起人体皮肤、组织糜烂，呼吸困难，惊厥，昏迷，并可以破坏生态环境，使生物死亡，树木枯萎，而且在短时间内不易清除。

当发生化学恐怖事件时，志愿者要立即指挥在场群众，有秩序地迅速向事故区上风向疏散，同时拨打110电话。如果是爆炸性事故，志愿者需要立即在短时间内利用就近地形、地物，采取正确的防护动作隐蔽。如果空旷地没有隐蔽物时，应告诉现场群众立即俯卧，脚朝向爆炸方向，脸朝下，双眼紧闭，双手交叉，额头枕在臂肘处，尽量不让皮肤裸露。

如果是气体状事故防护，应告知现场群众减少人体与毒物接触，戴上口罩或用湿毛巾捂住口鼻防止有害物被吸入。

在遇到易燃品泄漏的时候，比如汽油、原油、苯、酒精等，在其泄漏时或恐怖分子泼洒时，在现场应防止出现火花，以免引起火灾。

第十一章　应急训练

为了在突发事件的救援行动中，达到快捷、高效、科学、有序的目的，志愿者队伍就必须长期持续地开展体能、技能、协作等应急救援培训、演练，从而提高应急志愿者的综合应急救援能力。

第一节　应急训练分类

应急训练的基本内容主要包括基础训练、专业训练、战术训练和自选科目训练四类。

(1)基础训练。基础训练是应急志愿者的基本训练内容之一，是确保完成各种应急救援任务的前提基础。基础训练主要是指队列训练、体能训练、心理训练、团队训练、防护装备和通信设备的使用训练等内容。训练的目的是使应急人员具备良好的战斗意志和作风，熟练掌握个人防护装备的穿戴，通信设备的使用等。

(2)专业训练。专业技术关系到应急队伍的实战水平，是顺利执行应急救援任务的关键，也是训练的重要内容。主要包括专业常识、搜索、营救以及现场急救等技术。通过训练，救援队伍应具备一定的救援专业技术，有效地发挥救援作用。

(3)战术训练。战术训练是救援队伍综合训练的重要内容，是各项专业技术的综合运用，是提高救援队伍实践能力的必要措施。通过训练，使各级指挥员和救援人员具备良好的组织指挥能力和实际应变能力。

(4)自选科目训练。根据应急队伍的特点,选择适合的训练科目,从而提高综合应急救援能力。

第二节　体能训练

体能训练是应急志愿者增强体质的基础训练。加强体能训练,不仅能增强体质,促进志愿者身体全面发展,提高技能水平,而且对培养严守纪律,吃苦耐劳等优良品质,都具有重要的作用。体能训练要符合志愿者的年龄、性别和身体发展水平的要求。根据客观实际条件与可能,因人、因时、因地制宜地进行训练。体能训练必须循序渐进,要遵循由易到难,由简到繁顺序。体能训练必须持之以恒,使所学的体能知识、技术和技能不断地得到巩固和提高,达到增强体质的目的。

1. 准备活动和整理活动

进行体能训练前要做好准备活动,训练后做好整理活动。

(1)准备活动。充分的准备活动能加强心肺活动的能力,避免或减轻在训练时发生心慌、气喘、腹痛、动作失调等不良现象;还能使全身肌肉、韧带和关节得到充分活动,预防运动时肌肉拉伤和关节扭伤。

(2)整理活动。训练结束时要做整理活动,通过放松肌肉,使肌肉中血流畅通,有利于排出二氧化碳和清除代谢产物,消除疲劳。整理活动应着重于全身性放松活动,活动量逐渐减小,活动速度逐步放慢,并结合做深呼吸动作提高气体交换效率。

2. 训练进食和饮水

(1)训练一般应在饭前半小时结束,饭后一小时才能开始。如果训练后未经适当休息就进食,会影响食物的消化和吸收,甚至会引起消化系统疾病。

(2)训练中和训练后不宜大量饮水。训练时,体温升高,排汗量大,必须注意补充水分,但在训练中不宜饮水过多。训练后需要饮水时,应以少量、多次为宜。为补充因大量出汗体内失去的盐分,可饮用含少量食盐和糖分的水,或含有多种营养物质的运动饮料。在夏季,训练后切忌立即大量饮用冰冻饮料以求“降温”和补充水分,这会使胃肠血管骤然收缩,胃肠供血量突然减少,引起胃肠疾病。

3. 体能训练中常见的现象

(1)肌肉酸痛

平时很少运动的人突然参加体能训练,或一次训练负荷过大,往往会引起肌肉酸痛,这是一种正常的生理现象,是对运动不太适应的一种生理反应。一般经过几天的调整和坚持锻炼,酸痛就会消除。若酸痛较厉害,可采用局部热敷、按摩或用松节油揉擦等方法促进血液循环,以利于肌肉中代谢产物的排除。

(2)“极点”和第二次呼吸

进行剧烈的体能训练时,往往在训练开始不久就会产生呼吸急促、胸部发闷、下肢沉重、动作失调等现象。如果坚持训练,上述现象就会逐渐消失。前述现象称为“极点”,后述的常态称为“第二次呼吸”。这种现象在中长跑时表现最为突出。

(3)训练中腹痛

进行中长跑等训练时,有时会发生腹痛,这是机体适应性不良的现象。训练中出现腹痛时可适当减小运动负荷,按压疼痛部位并结合做深呼吸运动,大多可以缓解。如经处理不见效果,应停止训练,请医生诊治。

(4)肌肉痉挛

肌肉痉挛(俗称抽筋)是局部肌肉发生不自主的强直收缩而不能放松,引起局部疼痛和活动障碍的现象。痉挛的原因有以下几种:寒冷的刺激;准备活动不充分,使肌肉突然猛力收缩;长时间紧张而剧烈运动,引起大量出汗,使体内盐分丧失过多。

(5)重力性休克

重力性休克是一种暂时性血管调节发生障碍所引起的急性脑贫血,容易发生晕厥。为避免重力性休克的发生,剧烈运动后应继续缓慢活动,做些整理活动,以利于血液回流。一旦出现重力性休克,对轻度症状的患者,可于晕倒前由他人扶着慢慢走动。对人事不省者,可掐住人中穴或让其闻一下氨水,并边抢救边请医生进行治疗。

4. 体能训练的主要内容

(1)俯卧撑

俯卧撑是常见的健身运动(见图 11-1),其主要作用是提高上肢、胸部、腰背和腹部的肌肉力量。对发展平衡和支撑能力可起重要作用。可以改善中枢神经系统,有益于骨的坚实,关节的灵活,韧带的牢固,肌肉的粗壮及弹性,同时能加速血液循环,增大肺活量,提高运动能力。评判标准见表 11-1。

图 11-1 俯卧撑

①呼吸方法。一般情况下可以分两种呼吸方式:一种是每次俯卧时吐气(可以用鼻和口),撑时就吸气(只能用鼻);另外一种是做两次或者三次就做一次吸气和吐气,以自己感觉不到呼吸困难为准。注意每次只能用一种方式。

②运动方法。首先,双手支撑身体,双臂垂直于地面,两腿向身体后方伸展,依靠双手和两个脚的脚尖保持平衡,保持头、脖子、后背、臀部以及双腿在一条直线上。然后,两个肘部向身体外侧弯曲,身体降低到基本靠近地板。最后,收紧腹部,保持身体在一条直线

上，持续一秒钟，然后恢复原状。

③动作重点在于要求全身挺直、平起平落，难点在于屈肘推直。

表 11-1 20—39 岁成年人俯卧撑标准评分表 （次/分钟）

年龄	性别	1分	2分	3分	4分	5分
20—24 岁	男	7～12	13～19	20～27	28～40	＞40
25—29 岁	男	5～10	11～17	18～24	25～35	＞35
30—34 岁	男	4～10	11～15	16～22	23～30	＞30
35—39 岁	男	3～6	7～11	12～19	20～27	＞27

(2)仰卧起坐

仰卧起坐是训练腹部肌肉的有效运动方式(见图 11-2)，既可增强腹部肌肉的力量，同时亦可以收到保护背部和改善体态的效果。评判标准见表 11-2。

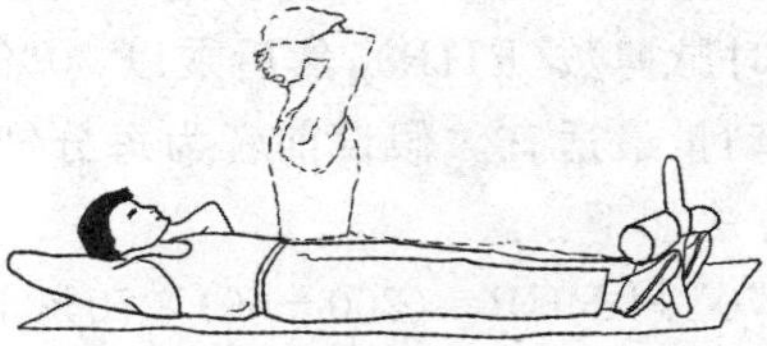

图 11-2 仰卧起坐

①呼吸技巧。仰卧起坐时应配合以合理的呼吸，在做仰卧起坐时，向后仰卧的过程开始吸气，肩背部触垫的瞬间屏气收腹、上体逐渐抬起，当上体抬起至腹部有胀感时，快速呼气，向前引体低头完成动作。

②运动方法。仰卧于水平放置的垫子上，双腿稍分开，屈膝呈90℃，双手手指交叉抱于脑后，由同伴压住双脚以固定下肢。在发出开始口令的同时开表计时，快速起坐，双肘触及或超过双膝，然后还原为仰卧，双肩胛触垫为完成 1 次。记录 1 分钟完成次数。

表 11-2　20—39 岁成年人仰卧起坐评分表　（次/分钟）

年龄	性别	1 分	2 分	3 分	4 分	5 分
20—24 岁	女	1～5	6～15	16～25	26～36	＞36
25—29 岁	女	1～3	4～11	12～20	21～30	＞30
30—34 岁	女	1～3	4～10	11～19	20～28	＞28
35—39 岁	女	1～2	3～6	7～14	15～23	＞23

（3）12 分钟跑

12 分钟跑测试是目前国内外最简单评价心肺功能适应能力的方法之一。运动生理学的研究表明，心肺适应水平高的人比低的人可以在 12 分钟内跑更长的距离。心肺适应水平也表示全身耐力的水平。12 分钟跑的理论根据是当人体达到最大心输出量的运动强度时，训练效果最好。其创始人美国运动医学专家肯尼斯·库珀博士认为，如果以脉搏数为指标，那么用接近极限运动时的脉搏次数（MHR）减去安静时脉搏数（RHR），然后乘以 70％，再加上安静时的脉搏数，此时的运动量最适宜。假设前者为每分钟 200 次，后者为每分钟 60 次，计算方法如下：

$$(MHR-RHR)\times 70\%+RHR=(200-60)\times 70\%+60=158 \text{ 次/分钟}$$

12 分钟跑作为动态的心肺系统健康检测手段，有 3 项指标：时间、距离和脉搏数。具体方法是按照年龄和性别分组，规定在 12 分钟内应跑出的距离，然后根据相应的健身标准评判跑步者的心肺功能。此外，在 12 分钟内尽力跑或者跑出最大距离以后 3 秒内的脉搏数应小于 180 减年龄数。只有脉搏数合格，跑出的距离才有效。这样就为科学地掌握健身的运动量、负荷度提供了监控的指标，不会产生运动过量的问题。如果 12 分钟跑检测结果可以达到“良好”级标准，说明心肺功能足以支持个人体重，也不必减肥。评判标准见表 11-3。

表 11-3 12 分钟跑的评判标准

男子 12 分钟跑测试成绩评分表

体力级别	30 岁以下	30—39 岁	40—49 岁	50 岁以上
1 极差	1600 米以下	1500 米以下	1400 米以下	1300 米以下
2 差	1600～1999 米	1500～1799 米	1400～1699 米	1300～1599 米
3 稍差	2000～2399 米	1800～2199 米	1700～2099 米	1600～1999 米
4 好	2400～2799 米	2200～2599 米	2100～2499 米	2000～2399 米
5 极好	2800 米以上	2600 米以上	2500 米以上	2400 米以上

女子 12 分钟跑测试成绩评分表

体力级别	30 岁以下	30—39 岁	40—49 岁	50 岁以上
1 极差	1500 米以下	1400 米以下	1200 米以下	1000 米以下
2 差	1500～1799 米	1400～1699 米	1200～1499 米	1000～1399 米
3 稍差	1800～2199 米	1700～1999 米	1500～1799 米	1400～1699 米
4 好	2200～2599 米	2000～2399 米	1800～2299 米	1700～2199 米
5 极好	2600 米以上	2400 米以上	2300 米以上	2200 米以上

(4)坐地体前伸

坐地体前伸的目的在于测量腰背及大腿后群肌肉的柔韧性，使用坐地前伸箱、地垫等器材辅助完成。测试标准见表 11-4。测试步骤(见图 11-3)如下。

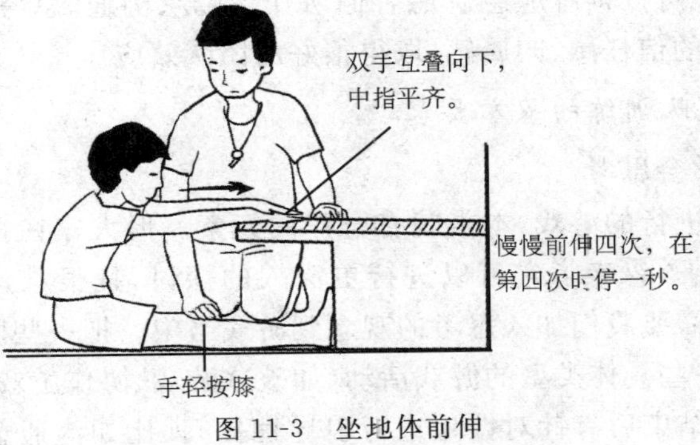

图 11-3 坐地体前伸

①测试人员两人一组，被测试人员光脚，面对坐地前伸箱坐在垫上，脚掌贴住前伸箱的底板，而双脚与肩同宽，膝伸直。

②双手拇指可互扣，而中指重叠，放于箱面的上面，指尖向前慢慢移动，保持直膝，移到最远的位置并保持1秒，便可以完成。同伴可以手按其膝部以帮助其保持直膝。

③同伴或教师在被测试人员停1秒钟时，取其读数并记录。

④重复动作两次，并取最高者为最终成绩。

表 11-4　坐地体前伸测试评级表（以 23 厘米为足尖位置）

评级	男生（厘米）	女生（厘米）
A	≥43.0	≥43.0
B	36.0～42.5	37.5～42.5
C	25.0～35.5	29.5～37.0
D	18.0～24.5	24.0～29.0
E	≤17.5	≤23.5

第三节　团队训练

轻松愉快的游戏可以促进应急志愿者们相互熟悉、加深了解、增进感情，也可以训练应急志愿者们协作、领导、沟通、思考的能力，增强志愿者的信任感、归属感，取得很好的团队效应。

1. 团队训练的基本要求

(1)学会思考

团体进行的游戏，本来就有合作的元素。但大家往往只是玩一玩轻松一下，忽略了它可以进行更深入的探讨，且很难达到预期效果。这就需要我们加入思考的观念到游戏当中。把一些团队游戏分类，找出一些具体类型的游戏活动（如破冰游戏、协作游戏、长者游戏等），并在结束后有针对性地进行引导性提问（比如沟通合作类游戏中的“高空飞蛋”游戏），那么大家就会积极思考起来。由于思考的火花相互碰撞，志愿者的收获会多起来，游戏的效果也会更好。

（2）注重沟通

沟通包含言语上的刺激，眼神的交会，默契的运用，这些其实都在游戏活动当中可以看到，只是我们很少关注这个部分。这不仅仅是主持人与志愿者之间，要强调志愿者与志愿者之间的沟通互动，这也是对志愿者的一种能力训练。

（3）观察情绪

其实在活动当中，情绪的变化，是很重要的一个关键，气氛其实是大家情绪的总和，只是往往观察情绪是活动主持人的工作，其实可以把这个部分先提出来跟大家分享，比如在某个时候，提问应急志愿者：“假设你是主持人，观察下大家的情绪是怎样的呢？怎样调整呢？”应急志愿者是培训的对象，但他们又恰是活动的主体，他们的情绪由他们来掌握。加入应急志愿者相互的情绪观察，并讨论如何调整对象情绪的问题，对提升志愿者的志愿服务能力有所帮助。

（4）领导技巧

在活动前的说明，把活动的成败系于每一个人手上，告诉他们，活动的成败虽说是每一个人的配合，其实每一个人都是带领者。使志愿者在参与的过程中，充分地参与进去，自己是“领导”主体，并非仅仅配合，并要在活动中学习些领导技巧。

2. 破冰游戏

破冰游戏是一种非常有效的手段，可以使大型的团体更加融洽，鼓励害羞的人更多地参与，活跃团队会议的气氛，使完全陌生的人群建立起凝聚力。

（1）逢七拍手

人数：8～15 人，就是以小队人数为原则。

场地：能让大家围圈坐下即可，长条形的餐桌也可。

游戏规则：

①从某一人开始按顺时针方向报数，当报到七或七的倍数时，此人以拍手代替说话，也就是拍手一下不能喊出数字，下一个人继续念下一个数字。

②待大家熟悉规则后，就增加拍手的频率，除了七和七的倍数，只要有七的数字就要拍手，例如 17。甚至不同位数的数字加起来是七的倍数也要拍手，例如 34。

这个活动关键在于对规则的熟练，才能让活动刺激有趣，所以不要太快玩进阶的规则，甚至不要把规则制订得太复杂，越简单可能会越有趣喔！

启示：该游戏有助于新加入的志愿者相互熟悉，减少陌生与尴尬，使其很快能感受到轻松和温馨的氛围。可以在迎接新志愿者时应用，在各部门内进行，虽简单但可以很快地活跃起气氛来。

(2)名字接龙游戏

游戏方法：小组成员围成一圈，任意提名一位学员自我介绍单位、姓名，第二名学员轮流介绍，但是要说：我是＊＊＊后面的＊＊＊，第三名学员说：我是＊＊＊后面的＊＊＊的后面的＊＊＊，依次下去……最后介绍的一名学员要将前面所有学员的名字、单位复述一遍。

启示：该游戏可以活跃气氛，打破僵局，加速学员之间的了解，尽快让志愿者们熟悉起来，知道彼此的名字，应用到新志愿者相互认识很不错。

(3)左右护法

游戏方法。

①在教室中进行时，活动开始前应请应急志愿者将座椅前后左右对齐。（如在户外进行则请应急志愿者排成数列，并前后左右对齐，每列人数应一样。）

②请应急志愿者先认识邻近左右第一位应急志愿者，记住这二位应急志愿者的名字。

③带领者应事先准备全班应急志愿者的点名簿，活动开始时，由

带领者抽点点名簿上的名字，被叫到名字的应急志愿者，其左边第一位应急志愿者要高举右手，右边的第一位应急志愿者要代替被叫到名字的应急志愿者大声答“有”，被叫到名字的应急志愿者则不需做出任何回应。

④如有应急志愿者未能在带领者喊出被点应急志愿者姓名一秒内做出反应，则带领者可请其上台表演或带领团队活动。

⑤依照以上的步骤，如进行顺利，则可要求应急志愿者多认识其左右各两位应急志愿者，依此类推，以增加活动难度。

启示：本活动主要用于在团体成员彼此陌生的情况，利用这一暖身活动可让成员有机会认识邻座成员，增加彼此的熟悉。

3. 沟通合作游戏

沟通合作游戏可以提高团队协作能力，加深志愿者之间的感情。通过游戏设计模拟志愿活动过程，提出问题，启发志愿者思考，是一种轻松愉快的训练方式。

(1)高空飞蛋

人数：5 人小组为最佳，最多不超过 30 人。

时间：30 分钟。

材料及场地：每组鸡蛋一只，气球一只，塑料袋一只，竹签三支，塑料匙及叉各两支，橡皮筋三条，三层楼高度的房间及楼下的空地。

活动目的：体验小组成员的创造力及团队精神。

程序：工作员把上述的材料分派给每一小组。请依照工作员所指定的高处(约三至四楼层高度)，将鸡蛋抛落地面。为了使鸡蛋不会摔破，可以用所给的材料来设计保护伞。各组可享有 20 分钟时间讨论策略并制造保护设备。20 分钟后，每组可指派一位学员在指定高处将鸡蛋抛落地面，而其他学员可以到地面空地观察及检查落下的鸡蛋是否完好。鸡蛋完好的小组是优胜组。工作员可以奖励胜出组一些小礼品作为鼓励。

讨论题目：活动完成后，每位组员被邀讲述过程中的感觉，组员是否满意小组的表现？成功与失败的地方在哪里？组员对团队合作有什么新的启示？

启示：可以在培训志愿者的合作能力时使用。优点在于通过小游戏活跃气氛，并提些小问题，引导大家开动脑筋，发掘志愿服务中大家应该怎样协作才能取得最佳效果。有以小见大的功效。

(2)空中漫游

人数：8 至 10 人；时间：30 分钟；场地：平坦空地。

程序：

工作员让每组组员排成一个面向中心的小圆圈，而工作员则站在中心作示范。

工作员双手绕在胸前，并与组员作出以下的对话。

工作员："我叫…（自己的名字），我准备好了，你们准备好了没有？"

小组组员回答："准备好了。"

工作员："我倒了？"

小组组员："可以了。"

这时工作员整个身体放松，完全倒在小组成员的手中，而小组组员则把工作员按顺时针方向推动两圈。

在工作员做完了示范之后，每位组员都可以轮流尝试。

活动完成后，每人分享活动过程中的感受。

讨论题目：该游戏最难忘的地方是哪里？在活动过程中，你感觉小组的合作精神怎样，是否有信任感？

注意事项：

①此活动只能在组员间有初步认识后才可进行，决不能在小组初期进行。

②请小心注意安全，如有任何组员行为可能影响安全时，工作员应立即停止游戏。

③如有某些组员未能放松身体而不能完成游戏。工作员不必勉

强这些组员完成这个活动，因各人对别人信任程度并不相同。

启示：帮助志愿者明白信任的建立是取决于自己对部门内其他成员的信心。志愿者相互的沟通是建立信心的基础。当建立信任后，志愿者便能感觉到部门内的支持与鼓励。可在志愿者之间有初步理解时使用，在各部门内部，目的是使大家知道信任的重要，增加彼此间的信任。

(3)同心网

活动时间：五分钟；准备材料：毛线五团、罐装饮料五罐。

活动过程：

①每八人一组，共分五组。一组一团毛线、一罐罐装饮料。

②八人围成一小圈圈，毛线之一端由其中一人拿住，再将毛线团抛向其他七人中一人，其他人再抛向其他人。每人皆须手持毛线，再抛向其他人，每人可重复接到许多条毛线。

③毛线在八人围成的小圈圈中呈网状，等到组员认为网够牢固足以撑起罐装饮料时，便可把饮料直立放在网上(或将饮料撑起)，若饮料直立不倒，便算成功。

启示：让志愿者知道合作的重要性，使用在培训中，加强合作氛围。

第四节 心理训练

人类的心理活动简单地讲，就是人在觉醒状态下，对外界刺激的反应和行为方式，是指人们在实践活动中，通过大脑对客观事物的主观能动的反映。对应急志愿人员进行心理培训，一是可以减轻队员的心理压力，增进身心健康，提高队员的“胆量”，通过自我放松训练来消除紧张心理；二是可以激励队员的进取心，培养队员的群体凝聚力，提升队员的士气；三是可以培养队员消除恐惧心理，坚定镇定自若心态，塑造处变不惊、遇惊不乱的良好心理素质。

1. 减轻心理压力,提高“胆量”

(1)队员如何减轻心理压力

心理压力即精神压力。现实生活中每个人都承受着程度不同、大小不等的心理压力。心理压力太大、太多会损害身心健康。队员怎样减轻心理压力呢?

①正确认识压力。人在工作中,有点压力是正常的。适当的压力不仅无害,反而会提高人的办事能力。长期处在没有压力的环境中养尊处优的人,很难经得起逆境、挫折的考验。所以正常的压力并不需要排除,当心理压力超过个体承受能力时,才要想办法应付和减轻。有了这种认识,在生活中遇到压力就不会大惊小怪,能正确对待和处置。

②量力而行。量力而行一是要调整好自己干事业的速度,注意劳逸结合;二是要有合理的目标,不能期望值太高。降低期望值,就会有一定的成就感和满足感,使人心情舒畅,此所谓“知足者常乐”。这还能增强自己的自信心,提高工作效率。

③主动疏泄。心理压力使人产生悲伤、怨恨、愤怒等不良情绪,如果长时间得不到合理的疏泄,必将导致疾病。因此应主动宣泄这些不良情绪,痛哭一场也好,放声大笑也好,找人倾诉也行,大喊大叫也可,不管用什么方式,直到把不良情绪宣泄掉、心中不再压抑为止。

④心理援助。当队员出现一些心理问题时,如情绪不高、郁闷等,救援队队长和分队长要及时给予心理援助,如发表激昂的演讲或给予鼓励,甚至提供正面教育等,帮助队员尽快恢复生机和活力,进入健康的心理状态。

(2)自我放松训练消除紧张心理

队员在日常生活和训练时会产生紧张心理,除使用药物对症治疗外,也可以通过放松训练来控制和消除紧张心理。具体方法是通过有意识地控制身体某一部位肌肉的紧张和放松,体会放松时的舒服感觉,从而达到消除紧张心理的目的。

训练时宽衣，安静地躺在床上。先深呼吸20次，然后用意念控制，先绷紧额部的肌肉，再放松；然后按眼部、两颊、嘴部、颈部、双肩、前臂、双拳、胸部、腹部、背部、腰部、大腿、小腿、双脚的次序做完后，可重复再做，次数由自己定，每次训练半小时以上。练习时，自我评定身体各部位放松的程度，一直练到只要想把身体相应部位肌肉变得紧张，然后放松，便能随意控制的水平为止。经过这样的训练，紧张心理会慢慢减轻或消失。

(3)队员怎样提高"胆量"

所谓胆量，就是人们面对外界各种危险的情境或预期做危险的事情时，能够临危不惧、有条不紊地处理好各种险情。通常人们在突然面对危险情况时，会出现紧张、恐惧情绪并伴随心惊肉跳、冷汗淋漓等，有的甚至出现惊慌失措。那么一个人怎样才能提高自己的胆量，以应付各种险情呢？不妨注意以下几个方面。

①培养良好的心理素质。有着健全的人格、意志坚定而且心理素质好的人，大多有很强的适应环境的能力和战胜困难的勇气，并能积极争取社会的支持，变被动为主动，我们称之为有胆识。因此，培养这种胆识，是提高胆量的重要基础，是养成坚强的意志及健全的人格的保障。

②提高对引起恐惧的事件的认识。恐惧是人们对外界危险刺激的一种不可避免的反应，要减少这种反应，就应对其有正确的认识和评价。

③平时注意丰富防卫手段。俗语说"艺高人胆大"，有着丰富的应对各种情况的经验及方法，就不怕任何艰难险阻。

④增加对危险处境的预见性。如能在事先预知将要做的事或身处环境具有危险时，及早地调整好自己的心理状态，这样可以增强你的胆量。当然丰富的生活经历、较强的洞察能力以及冷静、无畏的素质，都是提高胆量的必要条件。

2. 激励队员的进取心，培养队员的群体凝聚力

（1）怎样激励队员的进取心

所谓激励，就是激发人的动机，使之保持兴奋的积极状态的心理过程。一般来说，激励应与被激励者的期望相吻合。我们运用激励法时，要根据被激励者的心理需要和群众期望，灵活实施，恰到好处，才能起到激励的作用。

（2）如何培养队员的群体凝聚力

所谓群体凝聚力就是群体对成员、成员对成员的吸引力。凝聚力是群体存在的必要条件，通俗地讲凝聚力就是向心力。群体的凝聚力越高，就越能顺利实现群体目标。影响群体凝聚力的因素主要有以下几方面。群体的领导方式：心理学家的实验证明，实行民主领导方式的群体比实行专制和放任领导方式的群体，成员之间会更友爱、更活跃，相互交往更多，感情更融洽积极，凝聚力也更高。因此，群体应实行民主领导方式。群体成员目标、信念和态度的一致性：这种一致性越强，凝聚力越高，因此群体成员间应保持目标、信念和态度的高度一致性。外部的压力：群体受到外部压力时，往往会使群体成员更加紧密地团结互助，增强信息交流，以对付外部压力，这就提高了群体的凝聚力。因此，给群体一定的外部压力，有助于增强群体的凝聚力。群体内部的奖励方式：研究证明，个人与群体相结合的奖励方式，有利于增强群体的凝聚力。群体的规模：群体规模太大，容易产生意见分歧，降低凝聚力；而规模太小，又会失去平衡力量，难以解决矛盾。适当规模的群体，有利于完成工作任务，更有助于维护较强的凝聚力。

（3）如何培养激发队员的士气

所谓士气是指“应急救援队员的战斗意志和战斗精神”。士气是队员和队员群体的精神面貌、心理品质和凝聚力在应急救援过程中的集中体现，是队员在应急救援活动中不可缺少的精神力量，它是战斗力的重要因素。构成士气的要素有：

①政治信仰。人们无论从事什么活动，都是在一定的信念或信仰指导下进行的。政治信仰是士气的基础和根本。只有形成坚定正确的政治信仰，才能激发队员的战斗热情，勇敢顽强，始终保持昂扬的士气。

②必胜信念。在应急救援中，队员坚信胜利属于自己的信念，是构成士气的又一要素。这样，无论什么困难，队员都能克服，直到战胜困难，取得胜利。

③鲜明的倾向性情感体验。士气往往表现为队员在应急救援过程中情感体验较平时更为强烈，具有更明显的倾向性。这种倾向性集中表现为对社会的更加关心，对人民群众的无限热爱。

3. 消除恐惧心理，培养镇定自若心态

强烈地震发生后，房屋倒塌的情景及一些血肉模糊的场面，会造成人的恐惧心理。作为地震应急救援队员，必须以过人胆识超越恐惧心理，战胜恐惧心理，把注意力集中到如何高效地去救援上，才能发挥应有的战斗力。

(1)克服对尸体和血肉模糊场面的恐惧心理

对死亡或血肉模糊场面的恐惧往往是人与生俱来的本能。作为救援队员，必须克服这种心理，要做到处变不惊、遇惊不乱，消除对尸体的厌恶和恐惧，非常从容地去面对。

(2)消除悲伤心理，克服不知所措状态

由于巨大的破坏和人员伤亡，会导致队员产生极度悲伤、绝望的心理。必须让队员学会挣脱这种不良心理，保持健康的心态。平时要加强针对性训练，磨炼经受突变、恐怖事件打击的能力，以免救援时不知所措。

第十二章　突发事件应急演练指南

《中华人民共和国突发事件应对法》、《国家突发公共事件总体应急预案》和国务院有关规定，为加强对应急演练工作的指导，促进应急演练规范、安全、节约、有序地开展，制定了突发事件应急演练指南。该指南适用于各级、各类应急管理领导机构组织开展突发事件应急演练时参考，并可结合本地区、本部门、本行业、本单位的实际情况制定具体的应急演练操作细则。

第一节　名词解释

(1)演练情景。指根据应急演练的目标要求，根据突发事件发生与演变的规律，事先假设事件发生发展过程，一般从事件发生的时间、地点、状态特征、波及范围、周边环境、可能的后果以及随时间的演变进程等方面进行描述。

(2)应急响应功能。突发事件应急响应过程中需要完成的某些任务的集合，这些任务之间联系紧密，共同构成应急响应的一个功能模块。比较核心的应急响应功能包括：接警与信息报送、指挥与调度、警报与信息公告、应急通信、公共关系、事态监测与评估、警戒与治安、人群疏散与安置、人员搜救、医疗救护、生活救助、工程抢险、紧急运输、应急资源调配等。

(3)应急指挥机构。应急预案所规定的应急指挥协调机构，如现场指挥部等。

(4)演练参与人员。参与演练活动的各类人员的总称,主要分为以下几类。

①演练领导小组:负责演练活动组织领导的临时性机构,一般包括组长、副组长、成员。

②演练总指挥:负责演练实施过程的指挥控制,一般由演练领导小组组长或上级领导担任;副总指挥协助演练总指挥对演练实施过程进行控制。

③总策划:负责组织演练准备与演练实施各项活动,在演练实施过程中在演练总指挥的授权下对演练过程进行控制;副总策划是总策划的助手,协助总策划开展工作。

④文案人员:指负责演练计划和方案设计等文案工作的人员。

⑤评估人员:指负责观察和记录演练进展情况,对演练进行评估的专家或专业人员。

⑥控制人员:指根据演练方案和现场情况,通过发布控制消息和指令,引导和控制应急演练进程的人员。

⑦参演人员:指在应急演练活动中承担具体演练任务,需针对模拟事件场景作出应急响应行动的人员。

⑧模拟人员:指演练过程中扮演、代替某些应急响应机构和服务部门,或模拟事件受害者的人员。

⑨后勤保障人员:指在演练过程中提供安全警戒、物资装备、生活用品等后勤保障工作的人员。

⑩观摩人员:指观摩演练过程的其他各类人员。

(5)演练控制消息。指演练过程中向演练人员传递的事件信息,一般用于提示事件情景的出现和引导、控制演练过程。

(6)演练规划。指演练组织单位根据实际情况,依据相关法律法规和应急预案的规定,对一定时期内各类应急演练活动作出的总体计划安排,通常包括应急演练的频次、规模、形式、时间、地点等。

(7)演练计划。指对拟举行演练的基本构想和准备活动的初步安排，一般包括演练的目的、方式、时间、地点、日程安排、经费预算、保障措施等。

(8)演练方案。内容一般包括演练目的、演练情景、演练实施步骤、评估标准与方法、后勤保障、安全注意事项等。

(9)演练评估。由专业人员在全面分析演练记录及相关资料的基础上，对比参演人员表现与演练目标要求，对演练活动及其组织过程作出客观评价，并编写演练评估报告。

第二节 应急演练概况

1. 应急演练的定义

应急演练是指各级人民政府及其部门、企事业单位、社会团体等(以下统称演练组织单位)组织相关单位及人员，依据有关应急预案，模拟应对突发事件的活动。

2. 应急演练的目的

(1)检验预案。通过开展应急演练，查找应急预案中存在的问题，进而完善应急预案，提高应急预案的实用性和可操作性。

(2)完善准备。通过开展应急演练，检查对应突发事件所需应急队伍、物资、装备、技术等方面的准备情况，发现不足及时予以调整补充，做好应急准备工作。

(3)锻炼队伍。通过开展应急演练，增强演练组织单位、参与单位、人员等对应急预案的熟悉程度，提高其应急处置能力。

(4)磨合机制。通过开展应急演练，进一步明确相关单位和人员的职责任务，理顺工作关系，完善应急机制。

(5)科普宣教。通过开展应急演练，普及应急知识，提高公众风险防范意识和自救互救等灾害应对能力。

3. 应急演练的原则

(1)结合实际、合理定位。紧密结合应急管理工作实际,明确演练目的,根据资源条件确定演练方式和规模。

(2)着眼实战、讲求实效。以提高应急指挥人员的指挥协调能力、应急队伍的实战能力为着眼点,重视对演练效果及组织工作的评估、考核,总结推广好经验,及时整改存在的问题。

(3)精心组织、确保安全。围绕演练目的,精心策划演练内容,科学设计演练方案,周密组织演练活动,制订并严格遵守有关安全措施,确保演练参与人员及演练装备设施的安全。

(4)统筹规划、厉行节约。统筹规划应急演练活动,适当开展跨地区、跨部门、跨行业的综合性演练,充分利用现有资源,努力提高应急演练效益。

4. 应急演练的分类

(1)按组织形式划分,应急演练可分为桌面演练和实战演练。

①桌面演练。桌面演练是指参演人员利用地图、沙盘、流程图、计算机模拟、视频会议等辅助手段,针对事先假定的演练情景,讨论和推演应急决策及现场处置的过程,从而促进相关人员掌握应急预案中所规定的职责和程序,提高指挥决策和协同配合能力。桌面演练通常在室内完成。

②实战演练。实战演练是指参演人员利用应急处置涉及的设备和物资,针对事先设置的突发事件情景及其后续的发展情景,通过实际决策、行动和操作,完成真实应急响应的过程,从而检验和提高相关人员的临场组织指挥、队伍调动、应急处置技能、后勤保障等应急能力。实战演练通常要在特定场所完成。

(2)按内容划分,应急演练可分为单项演练和综合演练。

①单项演练。单项演练是指只涉及应急预案中特定应急响应功能或现场处置方案中一系列应急响应功能的演练活动。注重针对一

个或少数几个参与单位(岗位)的特定环节和功能进行检验。

②综合演练。综合演练是指涉及应急预案中多项或全部应急响应功能的演练活动。注重对多个环节和功能进行检验,特别是对不同单位之间应急机制和联合应对能力的检验。

(3)按目的与作用划分,应急演练可分为检验性演练、示范性演练和研究性演练。

①检验性演练。检验性演练是指为检验应急预案的可行性、应急准备的充分性、应急机制的协调性及相关人员的应急处置能力而组织的演练。

②示范性演练。示范性演练是指为向观摩人员展示应急能力或提供示范教学,严格按照应急预案规定开展的表演性演练。

③研究性演练。研究性演练是指为研究和解决突发事件应急处置的重点、难点问题,试验新方案、新技术、新装备而组织的演练。

不同类型的演练相互结合,可以形成单项桌面演练、综合桌面演练、单项实战演练、综合实战演练、示范性单项演练、示范性综合演练等。

5. 应急演练规划

演练组织单位要根据实际情况,并依据相关法律法规和应急预案的规定,制订年度应急演练规划,按照“先单项后综合、先桌面后实战、循序渐进、时空有序”等原则,合理规划应急演练的频次、规模、形式、时间、地点等。

第三节 应急演练组织机构

演练应在相关预案确定的应急领导机构或指挥机构领导下组织开展。演练组织单位要成立由相关单位领导组成的演练领导小组,通常下设策划部、保障部和评估组。对于不同类型和规模的演练活动,其组织机构和职能可以适当调整。根据需要,可成立现场指挥部。

1. 演练领导小组

演练领导小组负责应急演练活动全过程的组织领导，审批决定演练的重大事项。演练领导小组组长一般由演练组织单位或其上级单位的负责人担任；副组长一般由演练组织单位或主要协办单位负责人担任；小组其他成员一般由各演练参与单位相关负责人担任。在演练实施阶段，演练领导小组组长、副组长通常分别担任演练总指挥、副总指挥。

2. 策划部

策划部负责应急演练策划、演练方案设计、演练实施的组织协调、演练评估总结等工作。策划部设总策划、副总策划，下设文案组、协调组、控制组、宣传组等。

(1)总策划。总策划是演练准备、演练实施、演练总结等阶段各项工作的主要组织者，一般由演练组织单位具有应急演练组织经验和突发事件应急处置经验的人员担任；副总策划协助总策划开展工作，一般由演练组织单位或参与单位的有关人员担任。

(2)文案组。在总策划的直接领导下，负责制定演练计划、设计演练方案、编写演练总结报告以及演练文档归档与备案等；其成员应具有一定的演练组织经验和突发事件应急处置经验。

(3)协调组。负责与演练涉及的相关单位以及本单位有关部门之间的沟通协调，其成员一般为演练组织单位及参与单位的行政、外事等部门人员。

(4)控制组。在演练实施过程中，在总策划的直接指挥下，负责向演练人员传送各类控制消息，引导应急演练进程按计划进行。其成员最好有一定的演练经验，也可以从文案组和协调组抽调，常称为演练控制人员。

(5)宣传组。负责编制演练宣传方案，整理演练信息、组织新闻媒体和开展新闻发布等。其成员一般是演练组织单位及参与单位宣传部门的人员。

3. 保障部

保障部负责调集演练所需物资装备，购置和制作演练模型、道具、场景，准备演练场地，维持演练现场秩序，保障运输车辆，保障人员生活和安全等。其成员一般是演练组织单位及参与单位后勤、财务、办公等部门人员，常称为后勤保障人员。

4. 评估组

评估组负责设计演练评估方案和编写演练评估报告，对演练准备、组织、实施及其安全事项等进行全过程、全方位评估，及时向演练领导小组、策划部和保障部提出意见、建议。其成员一般是应急管理专家、具有一定演练评估经验和突发事件应急处置经验的专业人员，常称为演练评估人员。评估组可由上级部门组织，也可由演练组织单位自行组织。

5. 参演队伍和人员

参演人员包括应急预案规定的有关应急管理部门(单位)工作人员、各类专兼职应急救援队伍以及志愿者队伍等。参演人员承担具体演练任务，针对模拟事件场景作出应急响应行动。有时也可使用模拟人员替代未现场参加演练的单位人员，或模拟事故的发生过程，如释放烟雾、模拟泄漏等。

第四节 应急演练准备

1. 制定演练计划

演练计划由文案组编制，经策划部审查后报演练领导小组批准。主要内容包括。

(1)确定演练目的，明确举办应急演练的原因、演练要解决的问题和期望达到的效果等。

(2)分析演练需求,在对事先设定事件的风险及应急预案进行认真分析的基础上,确定需调整的演练人员、需锻炼的技能、需检验的设备、需完善的应急处置流程、需进一步明确的职责等。

(3)确定演练范围,根据演练需求、经费、资源、时间等条件的限制,确定演练事件类型、等级、地域、参演机构及人数、演练方式等。演练需求和演练范围往往互为影响。

(4)安排演练准备与实施的日程计划,包括各种演练文件编写与审定的期限、物资器材准备的期限、演练实施的日期等。

(5)编制演练经费预算,明确演练经费筹措渠道。

2. 设计演练方案

演练方案由文案组编写,通过评审后由演练领导小组批准,必要时还需报有关主管单位同意并备案。主要内容包括以下部分。

(1)确定演练目标

演练目标是需完成的主要演练任务及其达到的效果,一般说明"由谁在什么条件下完成什么任务,依据什么标准,取得什么效果"。演练目标应简单、具体、可量化、可实现。一次演练一般有若干项演练目标,每项演练目标都要在演练方案中有相应的事件和演练活动予以实现,并在演练评估中有相应的评估项目判断该目标的实现情况。

(2)设计演练情景与实施步骤

演练情景要为演练活动提供初始条件,还要通过一系列的情景事件引导演练活动继续,直至演练完成。演练情景包括演练场景概述和演练场景清单。

①演练场景概述。要对每一处演练场景概要说明,主要说明事件类别、发生的时间地点、发展速度、强度与危险性、受影响范围、人员和物资分布、造成的损失、后续发展预测、气象及其他环境条件等。

②演练场景清单。要明确演练过程中各场景的时间顺序和空间分布情况。演练场景之间的逻辑关联依赖于事件发展规律、控制消

息和演练人员收到控制消息后应采取的行动。

(3)设计评估标准与方法

演练评估是通过观察、体验和记录演练活动,比较演练实际效果与目标之间的差异,总结演练成效和不足的过程。演练评估应以演练目标为基础。每项演练目标都要设计合理的评估项目方法、标准。根据演练目标的不同,可以用选择项(如:是/否判断,多项选择)、主观评分(如:1——差、3——合格、5——优秀)、定量测量(如:响应时间、被困人数、获救人数)等方法进行评估。

为便于演练评估操作,通常事先设计好评估表格,包括演练目标、评估方法、评价标准、相关记录项等。有条件时还可以采用专业评估软件等工具。

(4)编写演练方案文件

演练方案文件是指导演练实施的详细工作文件。根据演练类别和规模的不同,演练方案可以编为一个或多个文件。编为多个文件时可包括演练人员手册、演练控制指南、演练评估指南、演练宣传方案、演练脚本等,分别发给相关人员。对涉密应急预案的演练或不宜公开的演练内容,还要制订保密措施。

①演练人员手册。内容主要包括演练概述、组织机构、时间、地点、参演单位、演练目的、演练情景概述、演练现场标志、演练后勤保障、演练规则、安全注意事项、通信联系方式等,但不包括演练细节。演练人员手册可发放给所有参加演练的人员。

②演练控制指南。内容主要包括演练情景概述、演练事件清单、演练场景说明、参演人员及其位置、演练控制规则、控制人员组织结构与职责、通信联系方式等。演练控制指南主要供演练控制人员使用。

③演练评估指南。内容主要包括演练情况概述、演练事件清单、演练目标、演练场景说明、参演人员及其位置、评估人员组织结构与职责、评估人员位置、评估表格及相关工具、通信联系方式等。演练评估指南主要供演练评估人员使用。

④演练宣传方案。内容主要包括宣传目标、宣传方式、传播途径、主要任务及分工、技术支持、通信联系方式等。

⑤演练脚本。对于重大综合性示范演练，演练组织单位要编写演练脚本，描述演练事件场景、处置行动、执行人员、指令与对白、视频背景与字幕、解说词等。

(5)演练方案评审

对综合性较强、风险较大的应急演练，评估组要对文案组制订的演练方案进行评审，确保演练方案科学可行以及应急演练工作的顺利进行。

3. 演练动员与培训

在演练开始前要进行演练动员和培训，确保所有演练参与人员掌握演练规则、演练情景和各自在演练中的任务。所有演练参与人员都要经过应急基本知识、演练基本概念、演练现场规则等方面的培训。对控制人员要进行岗位职责、演练过程控制、管理等方面的培训；对评估人员要进行岗位职责、演练评估方法、工具使用等方面的培训；对参演人员要进行应急预案、应急技能及个体防护装备使用等方面的培训。

4. 应急演练保障

(1)人员保障

演练参与人员一般包括演练领导小组、演练总指挥、总策划、文案人员、控制人员、评估人员、保障人员、参演人员、模拟人员等，有时还会有观摩人员等其他人员。在演练的准备过程中，演练组织单位和参与单位应合理安排工作，保证相关人员参与演练活动的时间；通过组织观摩学习和培训，提高演练人员素质和技能。

(2)经费保障

演练组织单位每年要根据应急演练规划编制应急演练经费预算，纳入该单位的年度财政(财务)预算，并按照演练需要及时拨付经费。对经费使用情况进行监督检查，确保演练经费专款专用、节约高效。

(3)场地保障

根据演练方式和内容，经现场勘察后选择合适的演练场地。桌面演练一般可选择会议室或应急指挥中心等；实战演练应选择与实际情况相似的地点，并根据需要设置指挥部、集结点、接待站、供应站、救护站、停车场等设施。演练场地应有足够的空间，良好的交通、生活、卫生和安全条件，尽量避免干扰公众生产、生活。

(4)物资和器材保障

根据需要，准备必要的演练材料、物资和器材，制作必要的模型设施等，主要包括以下方面。

①信息材料。主要包括应急预案和演练方案的纸质文本、演示文档、图表、地图、软件等。

②物资设备。主要包括各种应急抢险物资、特种装备、办公设备、录音摄像设备、信息显示设备等。

③通信器材。主要包括固定电话、移动电话、对讲机、海事电话、传真机、计算机、无线局域网、视频通信器材和其他配套器材，尽可能使用已有通信器材。

④演练情景模型。搭建必要的模拟场景及装置设施。

(5)通信保障

应急演练过程中应急指挥机构、总策划、控制人员、参演人员、模拟人员等之间要有及时可靠的信息传递渠道。根据演练需要，可以采用多种公用或专用通信系统，必要时可组建演练专用通信与信息网络，确保演练控制信息的快速传递。

(6)安全保障

演练组织单位要高度重视演练组织与实施全过程的安全保障工作。大型或高风险演练活动要按规定制定专门应急预案，采取预防措施，并对关键部位和环节可能出现的突发事件进行针对性演练。

根据需要为演练人员配备个体防护装备，购买商业保险。对可能影响公众生活、易于引起公众误解和恐慌的应急演练，应提前向社会发布公告，告示演练内容、时间、地点和组织单位，并做好应对方案，避免造成负面影响。演练现场要有必要的安保措施，必要时对演练现场进行封闭或管制，保证演练安全进行。演练出现意外情况时，演练总指挥与其他领导小组成员会商后可提前终止演练。

第五节　应急演练实施

1. 演练启动

演练正式启动前一般要举行简短仪式，由演练总指挥宣布演练开始并启动演练活动。

2. 演练执行

(1)演练指挥与行动

①演练总指挥负责演练实施全过程的指挥控制。当演练总指挥不兼任总策划时，一般由总指挥授权总策划对演练过程进行控制。

②按照演练方案要求，应急指挥机构指挥各参演队伍和人员，开展对模拟演练事件的应急处置行动，完成各项演练活动。

③演练控制人员应充分掌握演练方案，按总策划的要求，熟练发布控制信息，协调参演人员完成各项演练任务。

④参演人员根据控制消息和指令，按照演练方案规定的程序开展应急处置行动，完成各项演练活动。

⑤模拟人员按照演练方案要求，模拟未参加演练的单位或人员的行动，并作出信息反馈。

(2)演练过程控制

总策划负责按演练方案控制演练过程。

①桌面演练过程控制。在讨论桌面演练中，演练活动主要是围

绕对所提出问题进行讨论。由总策划以口头或书面形式,部署引入一个或若干个问题。参演人员根据应急预案及有关规定,讨论应采取的行动。在角色扮演或推演式桌面演练中,由总策划按照演练方案发出控制消息,参演人员接收到事件信息后,通过角色扮演或模拟操作,完成应急处置活动。

②实战演练过程控制。在实战演练中,要通过传递控制消息来控制演练进程。总策划按照演练方案发出控制消息,控制人员向参演人员和模拟人员传递控制消息。参演人员和模拟人员接收到信息后,按照发生真实事件时的应急处置程序,或根据应急行动方案,采取相应的应急处置行动。

控制消息可由人工传递,也可以用对讲机、电话、手机、传真机、网络等方式传送,或者通过特定的声音、标志、视频等呈现。演练过程中,控制人员应随时掌握演练进展情况,并向总策划报告演练中出现的各种问题。

(3)演练解说

在演练实施过程中,演练组织单位可以安排专人对演练过程进行解说。解说内容一般包括演练背景描述、进程讲解、案例介绍、环境渲染等。对于有演练脚本的大型综合性示范演练,可按照脚本中的解说词进行讲解。

(4)演练记录

演练实施过程中,一般要安排专门人员,采用文字、照片、音像等手段记录演练过程。文字记录一般可由评估人员完成,主要包括演练实际开始与结束时间、演练过程控制情况、各项演练活动中参演人员的表现、意外情况及其处置等内容,尤其是要详细记录可能出现的人员"伤亡"(如进入"危险"场所而无安全防护,在规定的时间内不能完成疏散等)及财产"损失"等情况。照片和音像记录可安排专业人员和宣传人员在不同现场、不同角度进行拍摄,尽可能地全方位反映演练实施过程。

(5)演练宣传报道

演练宣传组按照演练宣传方案作好演练宣传报道工作。认真做好信息采集、媒体组织、广播电视节目现场采编和播报等工作，扩大演练的宣传教育效果。对涉密应急演练要做好相关保密工作。

3. 演练结束与终止

演练完毕，由总策划发出结束信号，演练总指挥宣布演练结束。演练结束后所有人员停止演练活动，按预定方案集合进行现场总结讲评或者组织疏散。保障部负责组织人员对演练现场进行清理和恢复。

演练实施过程中出现下列情况，经演练领导小组决定，由演练总指挥按照事先规定的程序和指令终止演练：①出现真实突发事件，需要参演人员参与应急处置时，要终止演练，使参演人员迅速回归其工作岗位，履行应急处置职责。②出现特殊或意外情况，短时间内不能妥善处理或解决时，可提前终止演练。

第六节 应急演练评估与总结

1. 演练评估

演练评估是在全面分析演练记录及相关资料的基础上，对比参演人员表现与演练目标要求，对演练活动及其组织过程作出客观评价，并编写演练评估报告的过程。所有应急演练活动都应进行演练评估。

演练结束后可通过组织评估会议、填写演练评价表、对参演人员进行访谈等方式，也可要求参演单位提供自我评估总结材料，进一步收集演练组织实施的情况。

演练评估报告的主要内容一般包括演练执行情况、预案的合理性与可操作性、应急指挥人员的指挥协调能力、参演人员的处置能力、演练所用设备装备的适用性、演练目标的实现情况、演练的成本效益分析、对完善预案的建议等。

2．演练总结

演练总结可分为现场总结和事后总结。

（1）现场总结。在演练的一个或所有阶段结束后，由演练总指挥、总策划、专家评估组长等在演练现场有针对性地进行讲评和总结。内容主要包括本阶段的演练目标、参演队伍及人员的表现、演练中暴露的问题、解决问题的办法等。

（2）事后总结。在演练结束后，由文案组根据演练记录、演练评估报告、应急预案、现场总结等材料，对演练进行系统和全面的总结，并形成演练总结报告。演练参与单位也可对本单位的演练情况进行总结。

演练总结报告的内容包括：演练目的、时间和地点、参演单位和人员、演练方案概要、发现的问题与原因、经验和教训，以及改进有关工作的建议等。

3．成果运用

对演练暴露出来的问题，演练单位应当及时采取措施予以改进，包括修改完善应急预案、有针对性地加强应急人员的教育和培训、对应急物资装备有计划地更新等，并建立改进任务表，按规定时间对改进情况进行监督检查。

4．文件归档与备案

演练组织单位在演练结束后应将演练计划、演练方案、演练评估报告、演练总结报告等资料归档保存。

对于由上级有关部门布置或参与组织的演练，或者法律、法规、规章要求备案的演练，演练组织单位应当将相应资料报有关部门备案。

5. 考核与奖惩

演练组织单位要注重对演练参与单位及人员进行考核。对在演练中表现突出的单位及个人,可给予表彰和奖励;对不按要求参加演练,或影响演练正常开展的,可给予相应批评。

第十三章　中国应急志愿服务展望

作为一个地域辽阔、自然灾害频发、人口众多的国家，应急反应的制度性构建至关重要。我国志愿者群体，近年来已得到了长足的发展，并作为应急反应的重要力量走上了前台，但如何对其进行有效管理并形成一种制度性的常态则有待研究。在目前情况下，志愿者组织远不能担负起应急状态下志愿者管理的重任，而政府部门也没有为应急状态下志愿者的管理做好准备，因此志愿者的应急管理显得较为无序。

在突如其来的灾难面前，包括政府在内的任何一个公共组织的力量总是有限的，它无法单独满足应对灾难的所有需求。因此，有效地整合社会资源，充分发挥各种社会力量的能动性，是对紧急状态下专业应急救援队伍的及时补充，志愿者和志愿者组织就起到这样的作用。

在紧急事态管理中，志愿者和志愿者组织之所以重要，是因为他们地理上的便利性。我国地域广大，在发生各种紧急事态的时候，特别是在交通、信息中断，正规救援人员无法迅速到达现场的情况下，遍布全国的每一个地区的志愿者或潜在的志愿者，往往能够最先到达现场。有时候，志愿者本人甚至就是紧急事态的当事人。所以，他们成为事实上的突发事件第一应对者，能够迅速展开救援等应对工作，从而最大限度地减少受灾者的生命和财产损失。

鉴于志愿者在紧急事态管理和社区恢复中的不可替代性，西方国家都十分重视志愿者及其组织在应急管理中的作用，有的国家还在应急体系的安排中赋予其重要使命，使其成为政府机构之外的又一重要应急力量。2005 年，澳大利亚 18 岁以上的志愿者占全国同龄人口的比例达到 40%。西方国家的志愿者运动，不仅参与人数越来越多，而且志愿者自身管理的组织化趋势日益明显(澳大利亚全国共有志愿者组织约 70 万个)，甚至形成了全国性的协调组织。美国也有许多以应对各种灾难为主要职责的志愿者组织，其中最著名的就是全国抗灾志愿者组织，它负责协调全国的志愿者组织。

应急志愿者运动在西方国家的深入，是与公民化社会的发展，权利、义务的法律观念和人道、博爱的精神已经成为社会价值观念的主流的形势伴生伴长的。西方国家这种社会价值观念和志愿者运动及志愿者组织形式，为其他国家树立了典范。

我国在《国家综合防灾减灾十二五规划》中提出，研究制定加强防灾减灾志愿服务的指导意见，扶持基层社区建立防灾减灾志愿者队伍，提高志愿者的防灾减灾知识和技能，促进防灾减灾志愿者队伍的发展壮大。如何迅速建立起一支高素质、具备足够技能和知识的志愿者队伍，满足政府和民众应对突发公共事件的需要？核心问题是建立一套高效而完善的管理机制，造就大批“招之即来、来之能战、战之能胜”的志愿者队伍，并且有效地分担专业应急救援队伍的部分职责，这将成为中国未来应急志愿者建设的方向与宗旨。

第一节　应急志愿者队伍目前存在的问题

有数据表明，目前我国参与过各类志愿者活动的总人数已经达到 8000 万人，而参与应急救援的志愿者的数量有限。但在汶川大地震发生后，大量的志愿者涌向灾区。媒体报道称，截至 2008 年 5 月底，大约有 20 万志愿者、数百支志愿者队伍在灾区援助。一个志愿者组织的负责人估计，志愿者的规模多达上百万。

作为专业救援队伍的补充力量，志愿者确实发挥了非常重要的作用,汶川大地震可能是中国应急志愿者队伍发展的一个契机,有人称 2008 年是中国的“志愿者元年”。但是,由于起步晚,管理跟不上,还存在着以下多方面的问题。

(1)缺乏有效的组织管理。目前,我国志愿者和志愿者组织面临的最大瓶颈就是“谁来管”和“如何管”两大问题。由于我国的志愿者组织在规范、管理、引导方面缺乏相应的法律法规,管理上存在一定的混乱现象。比如在汶川大地震就集中体现了这个问题。地震发生后,大量的志愿者涌往灾区。他们来自全国各地,除了团委等零星组织外,很少是由相关组织机构组织进行的,更没有专业的应急志愿者组织机构,因此在救援一开始就出现了混乱拥塞状态。比如,大量志愿者的车辆集中在某些要道和医院附近,造成拥堵,以至于急救车无法快速通行,甚至还挤占了“生命通道”,直接影响到抢险救援的效率。

(2)资源难以整合。重大灾难发生时,需要社会的多元力量参与救灾,因而非常需要社会各个相关系统的协作。但是我国还没有配置志愿者资源的有效机制。震后几十万志愿者涌入灾区,职业、年龄、身体、技能各不相同,面对大量涌来的志愿者,如何合理地配置资源就成为重要问题。但是,无论灾区的志愿者协会还是地方政府,都无力整合这些资源。比如,不能按照志愿者的特长做到人尽其用。有些志愿者赶到四川后,发现并没有适合自己的岗位,只好选择离开,实际上成了“观光客”。四川省有关部门在对从事救灾工作志愿者表示感谢的同时,也恳请志愿者选择时机前来。因此,在全社会范围内,建立各个机构、单位志愿活动的信息联动工作制度极为重要。

(3)缺乏专业技能。灾难中志愿者希望能够尽一己之力回报社会,不仅要有一腔热情,还须具备服务的技能与知识。实际上,无论是废墟中的抢险救援,还是伤员救治,无论是交通通信设施抢修,还是受难群众的心理疏导,都需要相关专业知识和技能的支撑。汶川大地震发生后,许多赶往灾区的志愿者缺乏专业技能,只能做一般的体力服务，他们在数量上供大于求，而灾区急需的具有相关专业技术技能的志愿者又很缺乏。因此，对于志愿者的专业技能培训必须跟上。

(4)缺乏法律保障。对志愿服务进行立法是国际上通行的做法，但是我国目前还没有相关的法律法规。有的志愿者在参与志愿服务过程中自身的合法权益得不到有效保护。例如，志愿者在服务过程中受伤是否视为“工伤”，如何补偿等问题，目前尚无明确规定；有的志愿者因为参加志愿服务而被原单位开除，生活上得不到保障；更有甚者，志愿者在服务中牺牲，他们的亲属的抚恤应该由谁承担，也不明确，从而造成“英雄流血又流泪”的悲剧，对志愿者运动的发展带来负面影响。可见。法律法规缺失已成为我国志愿者面临的重要问题，成为制约我国志愿服务活动健康、深入发展的瓶颈。

(5)经费不足。目前，我国的志愿者经费来源不稳定，主要由国家支付和民间捐款，数量不多并且严重不足。志愿者在参与志愿服务时，自己要承担全部的费用，这严重限制了志愿者队伍扩大。

总之，在我国目前以政府、军队为主体的救灾体系中，还缺乏合理、有效利用志愿者力量的机制和制度安排。

第二节　政府在应急志愿者队伍建设中的作用

可以说，汶川地震激发了中国公民志愿服务意识的空前高涨。灾后，中国将面临一个新的问题——中国的公民社会逐渐形成，公民志愿服务意识迅速觉醒，政府应该如何引导这股新的力量？现阶段，我国各种灾害高发频发，在政府财力有限，职业救援力量不足、民间救援组织专业化不充分，志愿者参与热情高涨的前提下，我们有必要采用政府主导、社会成员广泛参与的模式，建立专业化的应急救援志愿者队伍。既节省政府开支，又能满足公民参与应急救援的愿望和要求，同时又能提高我国应急救援效率和水平。志愿服务和志愿者行为，从本质而言是一种非政府行为，目前中国的公民社会尚有待成熟，因此，政府的推动、引导和支持对应急志愿服务的开展有着重要的意义。

(1)尽快出台专门的法律、法规，依法建设专业化的应急救援志愿者队伍。

当前我国应急救援志愿者队伍法制化建设处于初级阶段。2006年12月6日，共青团中央颁布实施了《中国注册志愿者管理办法》，对我国志愿者的注册管理、志愿者服务基地的建立、志愿者表彰激励的方式方法做出了比较明确的规定，引导和动员注册志愿者直接到服务基地开展服务，建立志愿者经常性、就近就便服务的有效机制。但是团中央制定的规范性文件适用范围较窄，仅适用于团组织，不适用于政府层面；仅适用于一般性的社会服务，不适用于应急救援。2007年颁布实施的《中华人民共和国突发事件应对法》对专业化应急救援志愿者队伍建设提出了原则性要求。《中华人民共和国突发事件应对法》第11条第2款规定公民、法人和其他组织有义务参与突发事件应对工作。第26条第2款规定县级以上人民政府及其有关部门可以建立由成年志愿者组成的应急救援队伍。单位应当建立由本单位职工组成的专职或者兼职应急救援队伍。第26条第3款规定县级以上人民政府应当加强专业应急救援队伍与非专业应急救援队伍的合作，联合培训、联合演练，提高合成应急、协同应急的能力。但是以上规定只是原则性要求，没有对政府与志愿者之间的权利义务关系做出明确具体的规定，缺乏可操作性，对政府的规范性作用不强，各级政府在专业化应急救援志愿者队伍建设方面尚处于初级阶段。

德国政府为了建立一支专业化的应急救援志愿者队伍，不但在消防法中对政府与志愿者之间的权利与义务关系作了明确规定，而且制定了单行法——《德国联邦技术救援志愿者法》，专门调整政府与志愿者在应急救援中的权利与义务关系，依法建立起装备精良、训练有素、专业化的、庞大的应急救援志愿者队伍。德国经验启示我们，必须建立完备的法律体系，依法促进我国专业化应急救援队伍建设。最为主要的是，在完善我国突发事件应对法的基础上，应尽快制定一部专门调整专业化应急救援志愿者队伍建设中政府与志愿者之间权利义务关系的单行法律或法规。依法确立专业化应急救援志愿者队伍在我国应急救援体系中的法律地位，明确规定参与应急救援是公民的法定义务，明确规定专业应急救援志愿者必须具备的身体、心理、年龄、性别等条件。明确规定志愿者在应急救援中所享有的各种政府保障，及遭遇各种救援风险时政府所给予的公力救济。依法确立政府在专业化的应急救援志愿者队伍建设中的主体地位，明确政府在专业化应急救援志愿者的招募、注册、培训、管理、装备及后备队伍建设中所承担的具体义务。明确规定政府对志愿者实施表彰激励的方式方法。通过专门立法调动政府和公民两个方面的积极性，规范政府和志愿者在应急救援中的行为，以加快我国专业化应急救援志愿者队伍建设的步伐。

从当前抗震救灾的实践来看，实现对志愿服务的立法，已成为深化我国志愿服务工作的当务之急。志愿服务立法应该明确以下几方面内容：确立志愿服务的法律地位，保障志愿者的合法权利和利益，承认志愿服务在社会保障和社会服务体系中的作用，规定志愿者的权利、义务，明确法律责任与法律救济，对志愿组织在筹集社会资金方面给予政策倾斜等。我国法律界专家提出："建议在立法中规定志愿者组织在与志愿者、志愿服务对象签订服务相关协议时，应当就风险告知、风险防范等事项做出书面约定。志愿者在从事志愿服务活动时，造成被服务对象的人身财产损失的，在志愿者非故意的情况下，可以免责，得到豁免。"

志愿者不仅应该享受法律法规的保护，还应该享受保险、免费培训等待遇。应该建立服务风险披露制度并由志愿者组织为志愿者上保险，或者由地方政府将志愿服务纳入社会保障体系，设立专项风险基金。北京市政府法制办相关负责人表示，为志愿者上保险、志愿者造成服务对象伤害由志愿服务组织先行承担民事责任等保护条款将在考虑之列。

(2)发挥政府在专业化应急救援志愿者队伍建设中的主导作用。

我国宪法、突发事件应对法明确规定，保障人民群众生命和财产安全，维护社会生产、生活秩序是政府的责任，我国应急管理体制充分体现了这一理念。因此政府是建设专业化应急救援志愿者队伍的主体，应在专业化应急救援志愿者队伍建设中发挥主导作用。德国技术救援署构建专业化应急救援志愿者队伍的经验启示我们，我国政府只有选择政府主导、社会广泛参与的应急救援模式，才能充分实现应急救援职能。在“国家建立统一领导、综合协调、分类管理、分级负责、属地管理为主”的应急管理体制下，应着手以下工作。一是国家制定专业化应急救援志愿者队伍建设的发展规划，负责制定各灾种应急救援志愿者队伍技术装备的标准、管理模式及统一调配等工作。地方政府应急办负责落实注册管理、培训、保障及后备队伍的培养。二是按“分门别类、一专多能”的原则，依托政府部门、行业系统、企事业单位，组建种类齐全的专业化应急救援志愿者队伍，并由各地应急办统一调配。既保证本地区的应急救援，又能保障跨地区、跨行业协同救援。按照医疗卫生、通信、电力、民航、交通、建筑、铁路、水力、燃气等行业系统和企事业单位的专业分工及我国灾种的实际状况，我国政府至少需要构建以下几种专业化应急救援志愿者队伍：具有抢救治疗、卫生防疫、心理疏导等专业知识和技能的医疗救援队伍；掌握火灾救援知识和技能的消防救援队；掌握交通道路、通信设施、信息系统、供水系统、供电系统、供气系统抢修知识和技能的各类抢修队伍；掌握地面、水面、地下、水下、空中搜救知识和技能的搜救队伍；具有陆、海、空、水路等运输知识和技能，担负起抢险救灾人员、伤病员及各类物资运输的交通运输队伍；具有核化泄漏紧急处置、检测、洗消、特种救治知识和技能的核化事故救援队伍。三是建立以政府财政投入为主,社会捐助为辅的资金保障机制。借鉴德国经验,根据我国应急管理体制,我国政府适合采用以地方政府投资为主、中央政府给予补贴的方式来建立专业化应急救援志愿者队伍。资金缺口可通过社会捐资或捐助加以弥补。

(3)完善志愿服务制度,引导志愿服务行动。

为了促进志愿服务事业的发展,政府应该实施积极的发展志愿服务的政策,鼓励和协助发展志愿服务组织的各项活动,并帮助完善志愿服务制度,在制度层面上对志愿服务的发展给予支持和激励,促进其发展。

在促进志愿服务发展的过程中,政府要发挥引导作用。通过倡导和培育,促进志愿服务的健康有序发展。比如,鼓励企事业单位为志愿者提供方便,为志愿者提供培训条件等等。

(4)对志愿者进行分类激励,建立与志愿者沟通的制度性渠道。

志愿者与政府两者的抗震救灾的动力源不一样,在应急状态下,志愿者管理的两个可能主体(志愿者与政府)之间没有正式的沟通渠道,很容易发生冲突。这种冲突属于齐美尔所说的围绕非现实问题发生的非个人的、客观性的群体层次的冲突,容易激化而产生消极的社会影响。政府部门要有专门针对志愿者的接洽机构,目前团组织系统的模式不合适承担这一职责,应重新组织进行制度性安排,使制度性渠道既有权威性,又富有高效率。

在对志愿行为进行激励之前,必须首先对志愿者进行分类,针对不同的志愿者类型制定不同的激励措施。有学者将志愿者的参与动机分为 3 大类。①利己。利己行为指为增进个人利益的行为,包括有形的利益(如金钱)和无形的利益(如他人的表扬赞许)。②利他。利他行为指在没有任何回报的情形下帮助他人的行为。③社会责任。社会责任指以实际行动回馈社会的志愿者参与动机。英国学者史密斯将其归纳为 4 种基本类型:互助或自助、慈善或为他人提供服务、参与、倡导与宣传。美国学者伊尔斯利将志愿者行为区分为正规与非正规两种。正规志愿行为指为社会需要及组织需要的服务;非正规志愿行为则是对个人所理解的社会需要的一种自发的服务形式。当然,也有人将志愿者分为专业志愿者与非专业志愿者,在此基础上再细分为基层志愿者与管理层志愿者。不过,这些志愿者的分类,对志愿者管理实践的操作意义不大,因为它们没有体现志愿者的特殊性,因此应当探索一种新的分类方式,以促进志愿者的管理。从管理的角度来看,志愿者可分为精力体力型、资金物资型和全能型3个类型。精力体力型的志愿者主要是贡献精力体力,资金物资型的志愿者捐款捐物,全能型的志愿者不但安排时间参与各种活动,而且还捐助资金和提供物资。在应急管理下,按照这种方法对志愿者进行分类,将十分有利于理清志愿者的管理与保障。这3种类型的志愿者应当都纳入广义的志愿者的范畴,除了捐献金钱和提供物资的这个类别的志愿者,另两类志愿者的管理者都需要给他们创造条件,为他们提供志愿者保障的义务。

在发展志愿服务的过程中,政府的激励作用是重要的。虽然志愿精神是无私的、利他的、不计报酬的,但是目前就我国而言,志愿服务资源仍然比较有限,因此政府要给予志愿者一定的报酬,以激励志愿者和志愿者组织的行动。当然,给予志愿者的报酬可以采取多种形式。一是精神的奖励,如宣传表彰;二是给予少量的补偿,如用于志愿服务的物资成本费、车马费、餐饮补贴费等;三是政策性补偿,如在入学、就业时将志愿服务的参与者优先进行考虑;四是建立志愿服务时间储蓄制度,以便在自己需要时,能从社会支取。

(5)支持志愿者和志愿者组织,建立志愿者与政府联动管理平台。

志愿精神是现代社会的宝贵财富,志愿服务组织是对政府公共服务不足的一种补充,因此政府应该采取更加积极和开放的政策,对志愿者和志愿者组织提供一些必要的支持。这种支持不但包括政策方面的支持,还包括经费方面的支持和社会舆论方面的支持。

2008年的汶川地震的事实证明，在重大灾害等应急状态下，政府组织力量应对灾害需要一定的反应时间，同时，对灾害的反应却是刻不容缓的，这就需要民间力量来弥补这个空缺。例如，地震搜救的黄金时间就是震后72小时，因此灾民中的志愿力量开展自救互救就显得尤为有效。而且，民间力量的救援与政府力量相比显得更为机动灵活，更加富有人性化与个性化，救援质量往往更高，与政府力量相比存在一些方面的优势，应当得到大力发展。所以，在应急情况下，救灾行动的管理主体有可能在政府与志愿者中间发生转移，而事实是政府与志愿者都难以全程掌控局势。因此，建构一个统一的志愿者与政府的管理平台，充分发挥志愿者的特长与政府的优势，就显得尤为重要。志愿者与政府联动的应急管理平台，应当将志愿者与政府共同纳入一个系统，包括捐赠、信息共享、物资调配、协调、审查等制度体系。

(6)完善培训体系，加强对应急救援志愿者专业知识和专业技能的培训。

根据《中华人民共和国突发事件应对法》第25条及第26条第3款的相关规定，应当由县级以上各级政府的应急办负责指导各地的应急救援志愿者的专业化培训工作，设置标准化、规范化、系统化的培训内容，依托各部门、各系统的职业救援队的培训基地，对应急救援志愿者进行分层次、分专业的培训和演练。同时与各级党校或行政学院合作建设综合性的培训基地。

(7)建立统一的应急指挥平台体系。

当前我国应急指挥平台分散于各部门、各系统，有的地方政府在自己的辖区内尚未建立一个统一的应急指挥平台，国家级的统一应急指挥平台也亟待建立。统一的应急指挥平台的缺失，往往导致政府与政府之间，政府与各部门、系统之间，政府与志愿者组织之间应急信息不畅通，无法实现信息共享，应急救援力量配置不合理，应急救援指挥无序，影响了应急救援效率。汶川地震救援中，就是因为缺乏统一的应急指挥平台，导致大量志愿者蜂拥而至，堵塞救援通道，进而影响了救援效率。应借鉴德国经验，由国务院应急办统一规划设计，要求各地政府建立与国务院应急指挥平台相兼容的应急指挥平台系统，形成畅通全国的、完整统一的应急指挥平台体系，实现全国范围内应急救援信息共享、应急救援力量统一调配，提高应急救援的效率。

(8)加大对应急救援志愿者招募、激励的力度，壮大应急救援志愿者队伍。

各地政府应急办应通过官方网站、借助于各种媒体加大对应急救援志愿者光荣使命和神圣义务宣传的力度。与小学、中学、高等院校合作建立应急救援志愿者后备队伍。同时依托各部门、各系统如消防、地震、水利等部门的应急救援组织招募志愿者。中央政府和地方政府创新志愿者奖励方式方法，如在招录公务员、招聘员工、招生时，同等条件下优先录用应急救援志愿者，或给予物质、荣誉上的奖励，鼓励公民加入应急救援志愿者队伍。

附录一　中国注册志愿者管理办法

（2013 年 11 月修订）

第一章　总则

第一条　为规范志愿者注册工作，加强注册志愿者管理，特制定本办法。

第二条　志愿者（英文名称为 Volunteer）是指不以物质报酬为目的，利用自己的时间、技能等资源，自愿为国家、社会和他人提供服务的人。

第三条　注册志愿者（China Registered Volunteer）是指按照本办法规定的程序，在共青团组织及其授权的志愿者组织注册登记、参加服务活动的志愿者。

第四条　志愿者精神：奉献、友爱、互助、进步。

第五条　志愿者标识

注册志愿者标识（通称“心手标”）的整体构图为心的造型，又是英文“Volunteer”的第一个字母“V”，红色，图案中央是手的造型，也是鸽子的造型，白色。标志寓意为中国志愿者向社会上所有需要帮助的人们奉献一片爱心，伸出友爱之手，表达“爱心献社会，真情暖人心”和“团结互助、共创和谐”的主题。（图案见附件 1，略）

第六条　每年 3 月 5 日是中国青年志愿者服务日，12 月 5 日是国际志愿者日。

第二章　注册

第七条　基本条件

(一)年满十八周岁或十六至十八周岁以自己劳动收入为主要生活来源者;十四至十八周岁者,须经其法定代理人同意;未满十八周岁的在校学生申请注册的,按所在学校有关规定办理。

(二)具备参加志愿服务相应的基本能力和身体素质。

(三)遵守国家法律法规和注册机构的相关规定。

第八条 注册机构

市(地、州、盟)、县(市、区、旗)、乡(镇、街道)以及大中专院校团组织及其授权的志愿者组织为志愿者注册机构。

第九条 注册程序

(一)申请人直接到开展志愿者注册工作的团组织、志愿者组织提出申请或通过网络、通讯等方式提出申请,填写《志愿者注册登记表》(参考式样见附件 2,略)。

(二)注册机构对申请人进行审核。

(三)审核合格,注册机构向申请人颁发注册志愿者证章。注册机构可根据实际需要,为注册志愿者编制本地管理服务号码。

第三章 权利和义务

第十条 权利

(一)参加志愿服务活动。

(二)接受相关的志愿服务培训,获得志愿服务活动真实、必要的信息。

(三)获得从事志愿服务的必需条件和必要保障。

(四)优先获得志愿者组织和其他志愿者提供的服务。

(五)对志愿服务工作提出意见和建议。

(六)相关法律、法规、政策所赋予的权利。

(七)可申请取消注册志愿者身份。

第十一条 义务

(一)遵守国家法律法规及团组织、志愿者组织的相关规定。

(二)每名注册志愿者根据个人意愿至少选择参加一个志愿服务

项目或活动，每年参加志愿服务时间累计不少于20小时。

（三）履行志愿服务承诺，完成志愿服务任务，传播志愿服务理念。

（四）自觉维护团组织、志愿者组织和志愿者的形象。

（五）在志愿者职责范围内，自觉维护服务对象的合法权益。

（六）自觉抵制任何以志愿者身份从事的赢利活动或其他违背社会公德的活动（行为）。

（七）依法应当承担的其它义务。

第四章　志愿服务

第十二条　志愿服务

（一）志愿服务是指志愿者不以物质报酬为目的，利用自己的时间、技能等资源，自愿为国家、社会和他人提供服务的行为。

（二）志愿服务主要领域包括：扶贫济困、助老助残、社区服务、生态建设、大型活动、抢险救灾、社会管理、文化建设、西部开发、海外服务等。

（三）团组织、志愿者组织根据服务对象的需求，向注册志愿者发布服务信息、提供服务岗位，志愿者按照相关要求开展志愿服务。注册志愿者也可按照相关规定自行开展志愿服务。提倡具有相同服务意向和志趣爱好的注册志愿者在团组织、志愿者组织指导下结成志愿服务团队开展服务。

（四）注册志愿者参加志愿服务，应通过与志愿者组织或服务对象签定服务协议书等形式，明确服务内容、时间和有关的权利、义务。未满十八周岁的注册志愿者可参加与其年龄、智力相适应的志愿服务；未满十八周岁的在校学生注册后，按所在学校有关规定参与相关志愿服务。

（五）各级团组织、志愿者组织可依托服务需求相对集中的社会公益机构，通过签定协议、命名挂牌等形式创建志愿服务基地，探索建立志愿者经常性、就近就便开展志愿服务的有效机制。

（六）各级团组织、志愿者组织要推进志愿服务平台建设，形成实体型、网络型、复合型平台。鼓励依托网络新媒体组织开展志愿服务活动，同时应面向社会公开相关信息，遵守有关法律规定。

第五章　组织与管理

第十三条　组织机构

（一）共青团中央、中国青年志愿者协会负责全国注册志愿者工作的规划、协调和指导。

（二）省级团委、志愿者协会根据本地区、本系统的实际，制定相应的实施细则，广泛推行志愿者注册制度。根据实际需要，也可直接开展志愿者注册工作。

（三）市、县两级团委应普遍建立志愿者专门工作机构和志愿者协会，安排专人负责志愿者注册和管理工作。

（四）县级以下基层团组织应通过建立志愿者协会、创建志愿者服务站、培育志愿服务伙伴、发展志愿者服务队和服务团队等形式，广泛开展志愿者注册工作，实现志愿者注册和服务的便利化。

（五）社区和机关团体、企事业单位、中学的团组织、志愿者组织（含志愿者服务站、服务队、服务团队等），经所在地注册机构同意可以开展志愿者注册工作。

（六）注册机构及其下属的团组织、志愿者组织负责志愿者的管理服务，建立健全宣传动员、注册登记、管理培训、考核评价、激励表彰、个人信息保密等制度。

第十四条　日常管理

（一）注册志愿者参加志愿服务后，由服务对象或组织者提供志愿者的服务时间、服务内容等证明，注册机构及其下属团组织、志愿者组织予以认定。服务时间为实际服务时间（不含往返时间），以小时为单位计量。

（二）注册机构应建立健全注册志愿者档案和信息管理系统，逐步实现网上注册和管理，促进管理工作的科学化、制度化、规范化。

（三）注册志愿者使用全国统一的标识。开展志愿服务活动时，注册志愿者应佩带以全国统一标识为主体图案的标志。志愿者旗帜和服装以红、蓝、白为基本色调。

（四）注册机构可在重大活动时或定期组织志愿者进行宣誓。志愿者誓词："我愿意成为一名光荣的志愿者。我承诺：尽己所能，不计报酬，帮助他人，服务社会，践行志愿精神，传播先进文化，为社会进步贡献力量！"

（五）注册志愿者培训工作主要由注册机构及其下属的团组织、志愿者组织负责，对注册志愿者申请人进行志愿服务基本理念培训，定期向注册志愿者提供志愿服务相关技能等方面的培训，向志愿者骨干提供专门的培训，提高志愿者的服务能力和综合素质。

（六）团组织、志愿者组织应探索和完善注册志愿者服务时间储蓄制度，使注册志愿者在本人需要帮助时，优先得到志愿者组织和其他志愿者的服务。

（七）对拒不履行义务的，注册机构可取消其注册志愿者身份。

（八）注册志愿者在志愿者组织安排的志愿服务过程中对服务对象造成损害的，由志愿者组织承担责任；志愿者组织承担责任后，有权向有故意或者重大过失的注册志愿者追偿。

（九）各级团组织、志愿者组织应逐步建立志愿者权益保障机制。依据有关法律法规、政策规定维护志愿者正当权益，推动建立志愿者保险和应急基金，做好相关救助和慰问工作。如服务对象在接受服务过程中对注册志愿者造成损害，志愿者组织应当支持受损害的注册志愿者向有关服务对象追偿损失，并提供必要的帮助。

第六章　激励和表彰

第十五条　团组织、志愿者组织应完善志愿者评价机制，组织实施星级认证制度，评选表彰和奖章授予制度等。

第十六条　星级认证制度

星级认证制度由省级团委、志愿者协会组织实施。注册机构负责具体认证工作，根据志愿者注册后参加志愿服务的时间累计，认定其为一至五星志愿者。星级志愿者认定后，可由相关注册机构在其注册证上进行标注，并佩戴相应标志。

（一）志愿者注册后，参加志愿服务时间累计达到100小时的，认定为“一星志愿者”；

（二）志愿者注册后，参加志愿服务时间累计达到300小时的，认定为“二星志愿者”；

（三）志愿者注册后，参加志愿服务时间累计达到600小时的，认定为“三星志愿者”；

（四）志愿者注册后，参加志愿服务时间累计达到1000小时的，认定为“四星志愿者”；

（五）志愿者注册后，参加志愿服务时间累计达到1500小时的，认定为“五星志愿者”。

第十七条 评选表彰和奖章授予制度

各级团组织、志愿者组织主要依据注册志愿者的服务时间、服务业绩，根据有关规定，定期组织开展评选表彰活动，授予志愿者荣誉称号和相应服务奖章。共青团中央、中国青年志愿者协会定期组织开展中国青年志愿者优秀个人奖、组织奖、项目奖评选表彰活动。

第七章 附则

第十八条 长期在中国内地工作、学习、生活的港澳同胞、台湾同胞和海外华人华侨及外国人申请注册的，由注册机构会同有关部门按相关规定办理。

第十九条 本办法的修改、变更、解释权属于共青团中央青年志愿者工作部、中国青年志愿者协会秘书处。

第二十条 本办法自公布之日起施行。2006年颁布的《中国注册志愿者管理办法》同时废止。

附录二　中华人民共和国突发事件应对法

第一章　总则

第一条　为了预防和减少突发事件的发生，控制、减轻和消除突发事件引起的严重社会危害，规范突发事件应对活动，保护人民生命财产安全，维护国家安全、公共安全、环境安全和社会秩序，制定本法。

第二条　突发事件的预防与应急准备、监测与预警、应急处置与救援、事后恢复与重建等应对活动，适用本法。

第三条　本法所称突发事件，是指突然发生，造成或者可能造成严重社会危害，需要采取应急处置措施予以应对的自然灾害、事故灾难、公共卫生事件和社会安全事件。

按照社会危害程度、影响范围等因素，自然灾害、事故灾难、公共卫生事件分为特别重大、重大、较大和一般四级。法律、行政法规或者国务院另有规定的，从其规定。

突发事件的分级标准由国务院或者国务院确定的部门制定。

第四条　国家建立统一领导、综合协调、分类管理、分级负责、属地管理为主的应急管理体制。

第五条　突发事件应对工作实行预防为主、预防与应急相结合的原则。国家建立重大突发事件风险评估体系，对可能发生的突发事件进行综合性评估，减少重大突发事件的发生，最大限度地减轻重大突发事件的影响。

第六条　国家建立有效的社会动员机制，增强全民的公共安全和防范风险的意识，提高全社会的避险救助能力。

第七条 县级人民政府对本行政区域内突发事件的应对工作负责；涉及两个以上行政区域的，由有关行政区域共同的上一级人民政府负责，或者由各有关行政区域的上一级人民政府共同负责。

突发事件发生后，发生地县级人民政府应当立即采取措施控制事态发展，组织开展应急救援和处置工作，并立即向上一级人民政府报告，必要时可以越级上报。

突发事件发生地县级人民政府不能消除或者不能有效控制突发事件引起的严重社会危害的，应当及时向上级人民政府报告。上级人民政府应当及时采取措施，统一领导应急处置工作。

法律、行政法规规定由国务院有关部门对突发事件的应对工作负责的，从其规定；地方人民政府应当积极配合并提供必要的支持。

第八条 国务院在总理领导下研究、决定和部署特别重大突发事件的应对工作；根据实际需要，设立国家突发事件应急指挥机构，负责突发事件应对工作；必要时，国务院可以派出工作组指导有关工作。

县级以上地方各级人民政府设立由本级人民政府主要负责人、相关部门负责人、驻当地中国人民解放军和中国人民武装警察部队有关负责人组成的突发事件应急指挥机构，统一领导、协调本级人民政府各有关部门和下级人民政府开展突发事件应对工作；根据实际需要，设立相关类别突发事件应急指挥机构，组织、协调、指挥突发事件应对工作。

上级人民政府主管部门应当在各自职责范围内，指导、协助下级人民政府及其相应部门做好有关突发事件的应对工作。

第九条 国务院和县级以上地方各级人民政府是突发事件应对工作的行政领导机关，其办事机构及具体职责由国务院规定。

第十条 有关人民政府及其部门作出的应对突发事件的决定、命令，应当及时公布。

第十一条　有关人民政府及其部门采取的应对突发事件的措施，应当与突发事件可能造成的社会危害的性质、程度和范围相适应；有多种措施可供选择的，应当选择有利于最大程度地保护公民、法人和其他组织权益的措施。

公民、法人和其他组织有义务参与突发事件应对工作。

第十二条　有关人民政府及其部门为应对突发事件，可以征用单位和个人的财产。被征用的财产在使用完毕或者突发事件应急处置工作结束后，应当及时返还。财产被征用或者征用后毁损、灭失的，应当给予补偿。

第十三条　因采取突发事件应对措施，诉讼、行政复议、仲裁活动不能正常进行的，适用有关时效中止和程序中止的规定，但法律另有规定的除外。

第十四条　中国人民解放军、中国人民武装警察部队和民兵组织依照本法和其他有关法律、行政法规、军事法规的规定以及国务院、中央军事委员会的命令，参加突发事件的应急救援和处置工作。

第十五条　中华人民共和国政府在突发事件的预防、监测与预警、应急处置与救援、事后恢复与重建等方面，同外国政府和有关国际组织开展合作与交流。

第十六条　县级以上人民政府作出应对突发事件的决定、命令，应当报本级人民代表大会常务委员会备案；突发事件应急处置工作结束后，应当向本级人民代表大会常务委员会作出专项工作报告。

第二章　预防与应急准备

第十七条　国家建立健全突发事件应急预案体系。

国务院制定国家突发事件总体应急预案，组织制定国家突发事件专项应急预案；国务院有关部门根据各自的职责和国务院相关应急预案，制定国家突发事件部门应急预案。

地方各级人民政府和县级以上地方各级人民政府有关部门根据有关法律、法规、规章、上级人民政府及其有关部门的应急预案以及本地区的实际情况，制定相应的突发事件应急预案。

应急预案制定机关应当根据实际需要和情势变化，适时修订应急预案。应急预案的制定、修订程序由国务院规定。

第十八条 应急预案应当根据本法和其他有关法律、法规的规定，针对突发事件的性质、特点和可能造成的社会危害，具体规定突发事件应急管理工作的组织指挥体系与职责和突发事件的预防与预警机制、处置程序、应急保障措施以及事后恢复与重建措施等内容。

第十九条 城乡规划应当符合预防、处置突发事件的需要，统筹安排应对突发事件所必需的设备和基础设施建设，合理确定应急避难场所。

第二十条 县级人民政府应当对本行政区域内容易引发自然灾害、事故灾难和公共卫生事件的危险源、危险区域进行调查、登记、风险评估，定期进行检查、监控，并责令有关单位采取安全防范措施。

省级和设区的市级人民政府应当对本行政区域内容易引发特别重大、重大突发事件的危险源、危险区域进行调查、登记、风险评估，组织进行检查、监控，并责令有关单位采取安全防范措施。

县级以上地方各级人民政府按照本法规定登记的危险源、危险区域，应当按照国家规定及时向社会公布。

第二十一条 县级人民政府及其有关部门、乡级人民政府、街道办事处、居民委员会、村民委员会应当及时调解处理可能引发社会安全事件的矛盾纠纷。

第二十二条 所有单位应当建立健全安全管理制度，定期检查本单位各项安全防范措施的落实情况，及时消除事故隐患；掌握并及时处理本单位存在的可能引发社会安全事件的问题，防止矛盾激化和事态扩大；对本单位可能发生的突发事件和采取安全防范措施的情况，应当按照规定及时向所在地人民政府或者人民政府有关部门报告。

第二十三条 矿山、建筑施工单位和易燃易爆物品、危险化学品、放射性物品等危险物品的生产、经营、储运、使用单位，应当制定具体应急预案，并对生产经营场所、有危险物品的建筑物、构筑物及周边环境开展隐患排查，及时采取措施消除隐患，防止发生突发事件。

第二十四条　公共交通工具、公共场所和其他人员密集场所的经营单位或者管理单位应当制定具体应急预案，为交通工具和有关场所配备报警装置和必要的应急救援设备、设施，注明其使用方法，并显著标明安全撤离的通道、路线，保证安全通道、出口的畅通。

有关单位应当定期检测、维护其报警装置和应急救援设备、设施，使其处于良好状态，确保正常使用。

第二十五条　县级以上人民政府应当建立健全突发事件应急管理培训制度，对人民政府及其有关部门负有处置突发事件职责的工作人员定期进行培训。

第二十六条　县级以上人民政府应当整合应急资源，建立或者确定综合性应急救援队伍。人民政府有关部门可以根据实际需要设立专业应急救援队伍。

县级以上人民政府及其有关部门可以建立由成年志愿者组成的应急救援队伍。单位应当建立由本单位职工组成的专职或者兼职应急救援队伍。

县级以上人民政府应当加强专业应急救援队伍与非专业应急救援队伍的合作，联合培训、联合演练，提高合成应急、协同应急的能力。

第二十七条　国务院有关部门、县级以上地方各级人民政府及其有关部门、有关单位应当为专业应急救援人员购买人身意外伤害保险，配备必要的防护装备和器材，减少应急救援人员的人身风险。

第二十八条　中国人民解放军、中国人民武装警察部队和民兵组织应当有计划地组织开展应急救援的专门训练。

第二十九条　县级人民政府及其有关部门、乡级人民政府、街道办事处应当组织开展应急知识的宣传普及活动和必要的应急演练。

居民委员会、村民委员会、企业事业单位应当根据所在地人民政府的要求，结合各自的实际情况，开展有关突发事件应急知识的宣传普及活动和必要的应急演练。

新闻媒体应当无偿开展突发事件预防与应急、自救与互救知识的公益宣传。

第三十条 各级各类学校应当把应急知识教育纳入教学内容，对学生进行应急知识教育，培养学生的安全意识和自救与互救能力。

教育主管部门应当对学校开展应急知识教育进行指导和监督。

第三十一条 国务院和县级以上地方各级人民政府应当采取财政措施，保障突发事件应对工作所需经费。

第三十二条 国家建立健全应急物资储备保障制度，完善重要应急物资的监管、生产、储备、调拨和紧急配送体系。

设区的市级以上人民政府和突发事件易发、多发地区的县级人民政府应当建立应急救援物资、生活必需品和应急处置装备的储备制度。

县级以上地方各级人民政府应当根据本地区的实际情况，与有关企业签订协议，保障应急救援物资、生活必需品和应急处置装备的生产、供给。

第三十三条 国家建立健全应急通信保障体系，完善公用通信网，建立有线与无线相结合、基础电信网络与机动通信系统相配套的应急通信系统，确保突发事件应对工作的通信畅通。

第三十四条 国家鼓励公民、法人和其他组织为人民政府应对突发事件工作提供物资、资金、技术支持和捐赠。

第三十五条 国家发展保险事业，建立国家财政支持的巨灾风险保险体系，并鼓励单位和公民参加保险。

第三十六条 国家鼓励、扶持具备相应条件的教学科研机构培养应急管理专门人才，鼓励、扶持教学科研机构和有关企业研究开发用于突发事件预防、监测、预警、应急处置与救援的新技术、新设备和新工具。

第三章　监测与预警

第三十七条　国务院建立全国统一的突发事件信息系统。

县级以上地方各级人民政府应当建立或者确定本地区统一的突发事件信息系统，汇集、储存、分析、传输有关突发事件的信息，并与上级人民政府及其有关部门、下级人民政府及其有关部门、专业机构和监测网点的突发事件信息系统实现互联互通，加强跨部门、跨地区的信息交流与情报合作。

第三十八条　县级以上人民政府及其有关部门、专业机构应当通过多种途径收集突发事件信息。

县级人民政府应当在居民委员会、村民委员会和有关单位建立专职或者兼职信息报告员制度。

获悉突发事件信息的公民、法人或者其他组织，应当立即向所在地人民政府、有关主管部门或者指定的专业机构报告。

第三十九条　地方各级人民政府应当按照国家有关规定向上级人民政府报送突发事件信息。县级以上人民政府有关主管部门应当向本级人民政府相关部门通报突发事件信息。专业机构、监测网点和信息报告员应当及时向所在地人民政府及其有关主管部门报告突发事件信息。

有关单位和人员报送、报告突发事件信息，应当做到及时、客观、真实，不得迟报、谎报、瞒报、漏报。

第四十条　县级以上地方各级人民政府应当及时汇总分析突发事件隐患和预警信息，必要时组织相关部门、专业技术人员、专家学者进行会商，对发生突发事件的可能性及其可能造成的影响进行评估；认为可能发生重大或者特别重大突发事件的，应当立即向上级人民政府报告，并向上级人民政府有关部门、当地驻军和可能受到危害的毗邻或者相关地区的人民政府通报。

第四十一条 国家建立健全突发事件监测制度。

县级以上人民政府及其有关部门应当根据自然灾害、事故灾难和公共卫生事件的种类和特点，建立健全基础信息数据库，完善监测网络，划分监测区域，确定监测点，明确监测项目，提供必要的设备、设施，配备专职或者兼职人员，对可能发生的突发事件进行监测。

第四十二条 国家建立健全突发事件预警制度。

可以预警的自然灾害、事故灾难和公共卫生事件的预警级别，按照突发事件发生的紧急程度、发展势态和可能造成的危害程度分为一级、二级、三级和四级，分别用红色、橙色、黄色和蓝色标示，一级为最高级别。

预警级别的划分标准由国务院或者国务院确定的部门制定。

第四十三条 可以预警的自然灾害、事故灾难或者公共卫生事件即将发生或者发生的可能性增大时，县级以上地方各级人民政府应当根据有关法律、行政法规和国务院规定的权限和程序，发布相应级别的警报，决定并宣布有关地区进入预警期，同时向上一级人民政府报告，必要时可以越级上报，并向当地驻军和可能受到危害的毗邻或者相关地区的人民政府通报。

第四十四条 发布三级、四级警报，宣布进入预警期后，县级以上地方各级人民政府应当根据即将发生的突发事件的特点和可能造成的危害，采取下列措施：

（一）启动应急预案；

（二）责令有关部门、专业机构、监测网点和负有特定职责的人员及时收集、报告有关信息，向社会公布反映突发事件信息的渠道，加强对突发事件发生、发展情况的监测、预报和预警工作；

（三）组织有关部门和机构、专业技术人员、有关专家学者，随时对突发事件信息进行分析评估，预测发生突发事件可能性的大小、影响范围和强度以及可能发生的突发事件的级别；

（四）定时向社会发布与公众有关的突发事件预测信息和分析评

估结果，并对相关信息的报道工作进行管理；

（五）及时按照有关规定向社会发布可能受到突发事件危害的警告，宣传避免、减轻危害的常识，公布咨询电话。

第四十五条　发布一级、二级警报，宣布进入预警期后，县级以上地方各级人民政府除采取本法第四十四条规定的措施外，还应当针对即将发生的突发事件的特点和可能造成的危害，采取下列一项或者多项措施：

（一）责令应急救援队伍、负有特定职责的人员进入待命状态，并动员后备人员做好参加应急救援和处置工作的准备；

（二）调集应急救援所需物资、设备、工具，准备应急设施和避难场所，并确保其处于良好状态、随时可以投入正常使用；

（三）加强对重点单位、重要部位和重要基础设施的安全保卫，维护社会治安秩序；

（四）采取必要措施，确保交通、通信、供水、排水、供电、供气、供热等公共设施的安全和正常运行；

（五）及时向社会发布有关采取特定措施避免或者减轻危害的建议、劝告；

（六）转移、疏散或者撤离易受突发事件危害的人员并予以妥善安置，转移重要财产；

（七）关闭或者限制使用易受突发事件危害的场所，控制或者限制容易导致危害扩大的公共场所的活动；

（八）法律、法规、规章规定的其他必要的防范性、保护性措施。

第四十六条　对即将发生或者已经发生的社会安全事件，县级以上地方各级人民政府及其有关主管部门应当按照规定向上一级人民政府及其有关主管部门报告，必要时可以越级上报。

第四十七条　发布突发事件警报的人民政府应当根据事态的发展，按照有关规定适时调整预警级别并重新发布。

有事实证明不可能发生突发事件或者危险已经解除的，发布警报的人民政府应当立即宣布解除警报，终止预警期，并解除已经采取的有关措施。

第四章　应急处置与救援

第四十八条　突发事件发生后，履行统一领导职责或者组织处置突发事件的人民政府应当针对其性质、特点和危害程度，立即组织有关部门，调动应急救援队伍和社会力量，依照本章的规定和有关法律、法规、规章的规定采取应急处置措施。

第四十九条　自然灾害、事故灾难或者公共卫生事件发生后，履行统一领导职责的人民政府可以采取下列一项或者多项应急处置措施：

（一）组织营救和救治受害人员，疏散、撤离并妥善安置受到威胁的人员以及采取其他救助措施；

（二）迅速控制危险源，标明危险区域，封锁危险场所，划定警戒区，实行交通管制以及其他控制措施；

（三）立即抢修被损坏的交通、通信、供水、排水、供电、供气、供热等公共设施，向受到危害的人员提供避难场所和生活必需品，实施医疗救护和卫生防疫以及其他保障措施；

（四）禁止或者限制使用有关设备、设施，关闭或者限制使用有关场所，中止人员密集的活动或者可能导致危害扩大的生产经营活动以及采取其他保护措施；

（五）启用本级人民政府设置的财政预备费和储备的应急救援物资，必要时调用其他急需物资、设备、设施、工具；

（六）组织公民参加应急救援和处置工作，要求具有特定专长的人员提供服务；

（七）保障食品、饮用水、燃料等基本生活必需品的供应；

（八）依法从严惩处囤积居奇、哄抬物价、制假售假等扰乱市场秩序的行为，稳定市场价格，维护市场秩序；

（九）依法从严惩处哄抢财物、干扰破坏应急处置工作等扰乱社会秩序的行为，维护社会治安；

（十）采取防止发生次生、衍生事件的必要措施。

第五十条　社会安全事件发生后，组织处置工作的人民政府应当立即组织有关部门并由公安机关针对事件的性质和特点，依照有关法律、行政法规和国家其他有关规定，采取下列一项或者多项应急处置措施：

（一）强制隔离使用器械相互对抗或者以暴力行为参与冲突的当事人，妥善解决现场纠纷和争端，控制事态发展；

（二）对特定区域内的建筑物、交通工具、设备、设施以及燃料、燃气、电力、水的供应进行控制；

（三）封锁有关场所、道路，查验现场人员的身份证件，限制有关公共场所内的活动；

（四）加强对易受冲击的核心机关和单位的警卫，在国家机关、军事机关、国家通讯社、广播电台、电视台、外国驻华使领馆等单位附近设置临时警戒线；

（五）法律、行政法规和国务院规定的其他必要措施。

严重危害社会治安秩序的事件发生时，公安机关应当立即依法出动警力，根据现场情况依法采取相应的强制性措施，尽快使社会秩序恢复正常。

第五十一条　发生突发事件，严重影响国民经济正常运行时，国务院或者国务院授权的有关主管部门可以采取保障、控制等必要的应急措施，保障人民群众的基本生活需要，最大限度地减轻突发事件的影响。

第五十二条　履行统一领导职责或者组织处置突发事件的人民政府，必要时可以向单位和个人征用应急救援所需设备、设施、场地、交通工具和其他物资，请求其他地方人民政府提供人力、物力、财力或者技术支援，要求生产、供应生活必需品和应急救援物资的企业组织生产、保证供给，要求提供医疗、交通等公共服务的组织提供相应的服务。

履行统一领导职责或者组织处置突发事件的人民政府，应当组织协调运输经营单位，优先运送处置突发事件所需物资、设备、工具、应急救援人员和受到突发事件危害的人员。

第五十三条 履行统一领导职责或者组织处置突发事件的人民政府，应当按照有关规定统一、准确、及时发布有关突发事件事态发展和应急处置工作的信息。

第五十四条 任何单位和个人不得编造、传播有关突发事件事态发展或者应急处置工作的虚假信息。

第五十五条 突发事件发生地的居民委员会、村民委员会和其他组织应当按照当地人民政府的决定、命令，进行宣传动员，组织群众开展自救和互救，协助维护社会秩序。

第五十六条 受到自然灾害危害或者发生事故灾难、公共卫生事件的单位，应当立即组织本单位应急救援队伍和工作人员营救受害人员，疏散、撤离、安置受到威胁的人员，控制危险源，标明危险区域，封锁危险场所，并采取其他防止危害扩大的必要措施，同时向所在地县级人民政府报告；对因本单位的问题引发的或者主体是本单位人员的社会安全事件，有关单位应当按照规定上报情况，并迅速派出负责人赶赴现场开展劝解、疏导工作。

突发事件发生地的其他单位应当服从人民政府发布的决定、命令，配合人民政府采取的应急处置措施，做好本单位的应急救援工作，并积极组织人员参加所在地的应急救援和处置工作。

第五十七条 突发事件发生地的公民应当服从人民政府、居民委员会、村民委员会或者所属单位的指挥和安排，配合人民政府采取的应急处置措施，积极参加应急救援工作，协助维护社会秩序。

第五章　事后恢复与重建

第五十八条 突发事件的威胁和危害得到控制或者消除后，履行统一领导职责或者组织处置突发事件的人民政府应当停止执行依照本法规定采取的应急处置措施，同时采取或者继续实施必要措施，防止发生自然灾害、事故灾难、公共卫生事件的次生、衍生事件或者重新引发社会安全事件。

第五十九条 突发事件应急处置工作结束后，履行统一领导职责的人民政府应当立即组织对突发事件造成的损失进行评估，组织受影响地区尽快恢复生产、生活、工作和社会秩序，制定恢复重建计划，并向上一级人民政府报告。

受突发事件影响地区的人民政府应当及时组织和协调公安、交通、铁路、民航、邮电、建设等有关部门恢复社会治安秩序，尽快修复被损坏的交通、通信、供水、排水、供电、供气、供热等公共设施。

第六十条 受突发事件影响地区的人民政府开展恢复重建工作需要上一级人民政府支持的，可以向上一级人民政府提出请求。上一级人民政府应当根据受影响地区遭受的损失和实际情况，提供资金、物资支持和技术指导，组织其他地区提供资金、物资和人力支援。

第六十一条 国务院根据受突发事件影响地区遭受损失的情况，制定扶持该地区有关行业发展的优惠政策。

受突发事件影响地区的人民政府应当根据本地区遭受损失的情况，制定救助、补偿、抚慰、抚恤、安置等善后工作计划并组织实施，妥善解决因处置突发事件引发的矛盾和纠纷。

公民参加应急救援工作或者协助维护社会秩序期间，其在本单位的工资待遇和福利不变；表现突出、成绩显著的，由县级以上人民政府给予表彰或者奖励。

县级以上人民政府对在应急救援工作中伤亡的人员依法给予抚恤。

第六十二条 履行统一领导职责的人民政府应当及时查明突发事件的发生经过和原因，总结突发事件应急处置工作的经验教训，制定改进措施，并向上一级人民政府提出报告。

第六章 法律责任

第六十三条 地方各级人民政府和县级以上各级人民政府有关

部门违反本法规定，不履行法定职责的，由其上级行政机关或者监察机关责令改正；有下列情形之一的，根据情节对直接负责的主管人员和其他直接责任人员依法给予处分：

（一）未按规定采取预防措施，导致发生突发事件，或者未采取必要的防范措施，导致发生次生、衍生事件的；

（二）迟报、谎报、瞒报、漏报有关突发事件的信息，或者通报、报送、公布虚假信息，造成后果的；

（三）未按规定及时发布突发事件警报、采取预警期的措施，导致损害发生的；

（四）未按规定及时采取措施处置突发事件或者处置不当，造成后果的；

（五）不服从上级人民政府对突发事件应急处置工作的统一领导、指挥和协调的；

（六）未及时组织开展生产自救、恢复重建等善后工作的；

（七）截留、挪用、私分或者变相私分应急救援资金、物资的；

（八）不及时归还征用的单位和个人的财产，或者对被征用财产的单位和个人不按规定给予补偿的。

第六十四条　有关单位有下列情形之一的，由所在地履行统一领导职责的人民政府责令停产停业，暂扣或者吊销许可证或者营业执照，并处五万元以上二十万元以下的罚款；构成违反治安管理行为的，由公安机关依法给予处罚：

（一）未按规定采取预防措施，导致发生严重突发事件的；

（二）未及时消除已发现的可能引发突发事件的隐患，导致发生严重突发事件的；

（三）未做好应急设备、设施日常维护、检测工作，导致发生严重突发事件或者突发事件危害扩大的；

（四）突发事件发生后，不及时组织开展应急救援工作，造成严重后果的。

前款规定的行为，其他法律、行政法规规定由人民政府有关部门依法决定处罚的，从其规定。

第六十五条 违反本法规定，编造并传播有关突发事件事态发展或者应急处置工作的虚假信息，或者明知是有关突发事件事态发展或者应急处置工作的虚假信息而进行传播的，责令改正，给予警告；造成严重后果的，依法暂停其业务活动或者吊销其执业许可证；负有直接责任的人员是国家工作人员的，还应当对其依法给予处分；构成违反治安管理行为的，由公安机关依法给予处罚。

第六十六条 单位或者个人违反本法规定，不服从所在地人民政府及其有关部门发布的决定、命令或者不配合其依法采取的措施，构成违反治安管理行为的，由公安机关依法给予处罚。

第六十七条 单位或者个人违反本法规定，导致突发事件发生或者危害扩大，给他人人身、财产造成损害的，应当依法承担民事责任。

第六十八条 违反本法规定，构成犯罪的，依法追究刑事责任。

第七章 附则

第六十九条 发生特别重大突发事件，对人民生命财产安全、国家安全、公共安全、环境安全或者社会秩序构成重大威胁，采取本法和其他有关法律、法规、规章规定的应急处置措施不能消除或者有效控制、减轻其严重社会危害，需要进入紧急状态的，由全国人民代表大会常务委员会或者国务院依照宪法和其他有关法律规定的权限和程序决定。

紧急状态期间采取的非常措施，依照有关法律规定执行或者由全国人民代表大会常务委员会另行规定。

第七十条 本法自 2007 年 11 月 1 日起施行。

附录三 应急演练方案示例

预案名称	××××演练方案	
演练时间	×年×月×日	演练地点
演练目的、目标	□检验预案 □锻炼队伍 □磨合机制 □宣传教育 □完善准备 □其他目的	
演练类型	□综合演练 □单项演练	□现场演练 □桌面演练
演练内容	□预警与报告 □指挥与协调 □应急通讯 □事故监测 □警戒与管制 □疏散与安置医疗卫生 □现场处置 □社会沟通 □后期处置 □其他功能	
参演人员分组，任务、职责分工	1. 指挥部：整个应急过程的指挥、协调。负责人：××，成员：×× 2. 排险组：负责排险。负责人：××，成员：×× 3. 后勤综合组：负责警戒、保障。负责人：××，成员：×× 4. 专家组：负责技术指导。负责人：××，成员：××	
演练筹备（人员、经费、物资、场地、安全、通讯和其他保障）	1. 工具、物资： 2. 场地： 3. 演练人员：	
演练事故情景设计	现场模拟××事故，现场人员发现后立即用对讲机层层汇报至应急指挥部，启动应急预案响应，实施救人排险，最终完成对事故的控制。	

续表

演练主要步骤	一、演练准备：指挥人员和各小组负责人碰头，交代演练事项，并分头检查应急工具、物资准备情况。 二、报警报告：现场发现者用对讲机报警至本单位负责人，负责人用对讲机报告至应急指挥部，指挥部报告总指挥及其他各组人员。 三、应急响应 1. 总指挥根据实际情况确定启动应急预案，抢救伤员，警戒人员立即用警戒带隔离危险区，排险组人员穿好防护用品用专业工具进行排险。 2. 排险过程中排险组长用对讲机保持与指挥部联系，直至险情得到控制。 四、应急结束：经排险组确认报请总指挥下达应急结束的命令。 进行现场清理，恢复正常状态。
结束后现场点评	应急演练结束后，在演练现场，评估人员对演练中发现的问题、不足及取得的成效进行口头点评。
应急演练书面评估	依据评估标准，对演练全过程进行科学分析和客观评价，重点评估演练的组织实施、目标实现、参演人员表现、演练暴露的问题。 演练评估方案通常包括： ——演练信息：应急演练目的和目标、情景描述，应急行动与应对措施简介等； ——评估内容：应急演练准备、应急演练组织与实施、应急演练效果等； ——评估标准：应急演练各环节应达到的目标评判标准； ——评估程序：演练评估工作主要步骤及任务分工。
演练总结报告	演练结束后，应对演练做出总结报告，内容包括演练概要、发现的问题、建议等。

参考文献

曹文，谢倩，2006. 生存教育. 南京:南京大学出版社.

宫毅，2007. 紧急救助与现场保护. 北京:高等教育出版社.

莫于川，2010. 社会应急能力建设与志愿服务法制发展. 四川行政学院学报(3):78-82.

唐钧，2009. 紧急救助. 北京:中国人民大学出版社.

团中央青年志愿者工作部，2008. 青年卫生志愿者抗震救灾服务手册.

邢娟娟，陈江，姜秀慧，等，2008. 紧急救助员使用应急技术. 北京:航空工业出版社.

杨桂英，2008. 中国应急志愿者队伍建设初探. 河南理工大学学报(4):465-468.

Emergency Preparedness Canada，1997. Basic rescue skills.